云南省交通运输厅科技计划项目（云交科教便〔2019〕6号）
陕西省交通运输科技项目（2015-11K）

长大公路隧道视觉疲劳缓解带
设计与评价

严　涛　　陈树汪　　刘大刚　　◎著
秦鹏程　　何佳银　　陈湛文

西南交通大学出版社
·成　都·

图书在版编目（CIP）数据

长大公路隧道视觉疲劳缓解带设计与评价 / 严涛等
著. 一成都：西南交通大学出版社，2021.5
ISBN 978-7-5643-7851-6

Ⅰ. ①长… Ⅱ. ①严… Ⅲ. ①长大隧道—公路隧道—
视觉—疲劳（生理）—调节（生理）—研究 Ⅳ. ①U459.2

中国版本图书馆 CIP 数据核字（2020）第 245798 号

Changda Gonglu Suidao Shijue Pilao Huanjiedai Sheji yu Pingjia
长大公路隧道视觉疲劳缓解带设计与评价

严 涛　陈树汪　刘大刚
　　　　　　　　　　　　著
秦鹏程　何佳银　陈湛文

责 任 编 辑	张宝华
封 面 设 计	何东琳设计工作室
出 版 发 行	西南交通大学出版社 （四川省成都市金牛区二环路北一段 111 号 西南交通大学创新大厦 21 楼）
发行部电话	028-87600564　028-87600533
邮 政 编 码	610031
网　　　址	http://www.xnjdcbs.com
印　　　刷	四川煤田地质制图印刷厂
成 品 尺 寸	170 mm × 230 mm
印　　　张	7.25
字　　　数	101 千
版　　　次	2021 年 5 月第 1 版
印　　　次	2021 年 5 月第 1 次
书　　　号	ISBN 978-7-5643-7851-6
定　　　价	48.00 元

图书如有印装质量问题　本社负责退换
版权所有　盗版必究　举报电话：028-87600562

前言

随着我国公路运输行业的快速发展，长大公路隧道数量日益增多，越来越多的 10 km 级甚至 20 km 级的公路隧道开始修建和运营。随着公路隧道长度及数量的不断增多，驾驶员在隧道内的驾驶时间越来越长，隧道内的驾驶疲劳问题开始显现。由于隧道结构相对封闭，救援工作较难开展，由驾驶疲劳而引发的追尾、碰撞等事故往往产生严重的后果，造成大量的人员伤亡和财产损失。

针对特长公路隧道的驾驶疲劳问题，在隧道内设置疲劳缓解带是目前广泛采取的方式之一。然而，现有隧道内疲劳缓解带的设计多是基于经验，缺乏理论支撑；对于疲劳缓解带设置后的疲劳缓解效果也缺乏合理的评价。针对这一问题，作者依托"高地震烈度区大跨度特长隧道建设与运营关键技术研究"项目，开展了大交通流特长高风险隧道疲劳缓解带设计与评价方法研究。通过研究，探明了特长公路隧道驾驶疲劳致因和驾驶疲劳规律，提出了特长公路隧道疲劳缓解带设计及评价方法，并基于依托工程检验了疲劳缓解带的缓解效果和安全性。本书就是在总结该项研究成果，并全面吸收国内外相关研究成果基础上完成的。

本书共分为 5 章。第 1 章概述，第 2 章隧道内实体环境对驾驶员疲劳影响特征，第 3 章特长隧道疲劳缓解灯光带设计标准及方法，第 4 章特长隧道疲劳缓解灯光带评价方法，第 5 章结论。

本书由严涛、陈树汪、刘大刚、秦鹏程、何佳银、陈湛文著，云南省交通规划设计研究院有限公司提供了相关资料并对现场测试给予了帮助。同时书中还引用了国内外已有的专著、文章、规范、研究报告等成果，在此对相关编者和作者一并表示感谢。虽然我们尽了很大的努力，但由于学识水平有限，不妥之处在所难免，敬请读者批评指正。

作　者

2020 年 12 月

目录
CONTENTS

第1章 概 述

1.1 研究背景 …………………………………001

1.2 研究现状 …………………………………003

1.3 研究内容 …………………………………017

第2章 隧道内实体环境对驾驶员疲劳影响特征

2.1 特长公路隧道特征及驾驶疲劳致因 …………018

2.2 特长公路隧道驾驶疲劳规律现场测试 …………029

2.3 特长公路隧道驾驶员心电与眼动特征 …………038

2.4 特长公路隧道驾驶员疲劳规律 …………………050

2.5 小 结 ……………………………………052

第3章 特长隧道疲劳缓解灯光带设计标准及方法

3.1 疲劳缓解灯光带的位置和间距 …………………055

3.2 疲劳缓解灯光带的长度 …………………………057

3.3 疲劳缓解灯光带的亮度和形式 …………………058

3.4 杨林特长隧道疲劳缓解灯光带设计 ……………066

3.5 小　结 ……………………………………………067

第4章　特长隧道疲劳缓解灯光带评价方法

4.1 特长公路隧道疲劳缓解灯光带效果

　　评价现场测试 ………………………………………069

4.2 驾驶员穿越特长隧道疲劳缓解灯光

　　带心电与眼动特征 ………………………………073

4.3 疲劳缓解灯光带缓解效果检验 …………………079

4.4 疲劳缓解灯光带安全性评价 ……………………088

4.5 小　结 ……………………………………………099

第5章　结　论

参考文献

第1章 概　述

1.1 研究背景

改革开放40余年来,随着我国经济水平的不断提高,以及城市群的发展、西部大开发战略等国家发展计划的实施,交通运输成为促进我国经济发展的重要基石,交通运输行业也因此取得了飞速发展。我国地形条件复杂,尤其是西部地区多山岭丘陵,地形崎岖,交通联络不便,使得公路隧道成为公路网的重要组成部分,我国的公路隧道建设也因此得到了快速发展。根据中华人民共和国交通运输部2018年交通运输行业发展统计公报,2018年年末全国公路总里程484.65万km,比上年增加7.31万km;公路隧道17 738处、1 723.61万m,增加1 509处、195.10万m,其中特长隧道1 058处、470.66万m。在坚持可持续发展,切实保护生态环境和有限土地资源的战略方针指导下,长大隧道技术要求越来越高,建设任务也越来越重。图1-1为2013—2018年,我国特长公路隧道累计数量和长度的发展情况,由此可看出,我国特长公路隧道累计数量和长度呈现出逐年增加的态势。

根据《公路隧道设计规范》(JTG 3370.1—2018),长度超过3 km的公路隧道称为特长隧道。随着公路隧道建设的不断推进,许多公路隧道长度已经远远超出3 km,如图1-2所示。

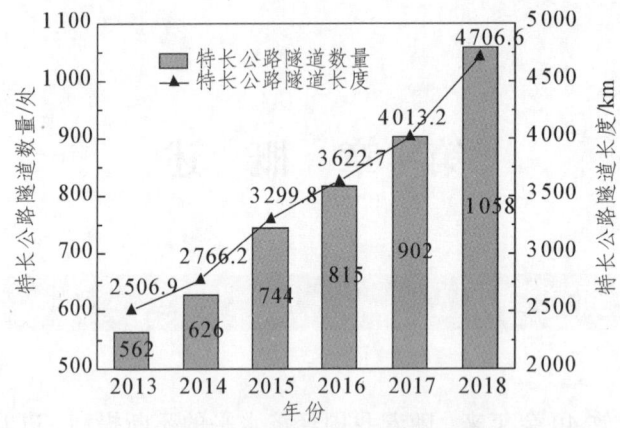

图 1-1 2013—2018 年我国特长公路隧道累计数量和长度

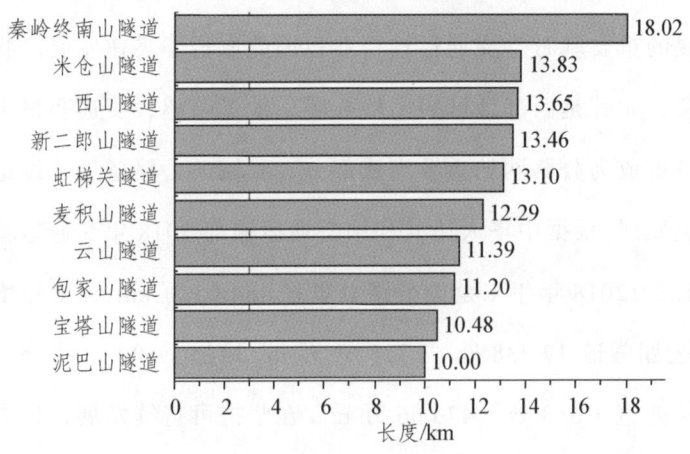

图 1-2 截至 2019 年 8 月我国已运营部分 10 km 以上公路隧道

目前，随着公路隧道修建长度日趋增长，修建与运营技术亦日趋复杂，在组合式通风技术、围岩动态量测反馈分析技术、围岩稳定技术、支护及衬砌结构技术、运营交通简易监控技术、新型防水、排水、堵水技术等方面有众多成功案例，部分成果已处于国际领先水平，真正实现了截曲取直、节省运费、改善运输环境以及保护生态环境等功能，极大地促进了交通运输业的发展。然而，隧道作为公路的瓶颈路段，也暴露出其由于环境特殊性而易引发交通事故的道路安全问题。近年来，在公路隧道通车里程不断增长的同时也发生了多起重、特大交通事故。例如，2009年9月17日凌晨，京珠北高速公路南行乌坑坝隧道发生一宗4车连环追尾重大交通事故，一辆双层大客车内有15人被困，1人当场死亡，4人伤势严重；2010年1月1日，渝湘高速公路界石往南川方向的太平隧道内，2分钟内发生6起车祸，造成23辆车相撞。

随着隧道数量和长度的增加，交通事故成为影响隧道运营安全和发展的瓶颈，而其中驾驶疲劳肇事是造成隧道交通事故尤其是高速公路隧道交通事故的重要原因之一。隧道狭长而相对封闭的特性决定了隧道交通安全的复杂性。特长隧道内驾驶员需要穿越的时间更长，驾驶员极易因单调昏暗环境而产生驾驶疲劳现象，一旦在隧道内发生交通事故，将会产生重大影响，加上疏散和救援都相对困难，影响公路通行。

1.2 研究现状

1.2.1 公路隧道疲劳缓解灯光带设计及应用现状

通过规范调研发现，我国《公路隧道设计规范》（JTG D70 2—2014）和《公路隧道照明设计细则》（JTGT D70 2-01—2014）中并没有对隧道内特殊灯光带的设计方法做出相应的规定，只是部分省份在地方隧道照明指导意见中对疲劳缓解带的设置进行了一定说明，给出了相应的推荐值。例如，山西省《公路隧道照明设计规范》（DB14\T722—2012）规定：在地质条件允许时，7 km及以上特长隧道洞内宜设置特殊灯光带，特殊灯光带内宜设置与主洞照明有不同视觉场景和效果的景观照明设施；特殊灯光带可在洞内按3.5~5 km等间距布设，每处特殊灯光带可采用净高和净宽渐变式的轮廓断面尺寸，每处灯光带设计长度宜在200~250 m，道路照明亮度值宜取中间段照明亮度值的 2.5~3 倍；特殊灯光带景观照明应不影响中间段的道路功能性照明；特殊灯光带照明应采用独立回路供电，宜选用多类型的灯具搭配，以使特殊灯光带可根据早晨、白天、傍晚等时序做相应的控制，进而形成与驾驶员在时间感上一致的照明效果。

特长公路隧道内的驾驶疲劳问题往往造成较为严重的后果，因此，这一问题得到了国内外许多隧道设计者的关注，他们逐渐开始在特长隧道内部设置疲劳缓解灯光带。关于超特长公路隧道内驾驶疲劳缓解设计的研究始于挪威。于 2001 年通车的挪威洛达尔隧道（Lærdal tunnel）是目前世界上最长的公路隧道，隧道全长达 24.51 km。为了缓解驾驶员在隧道内驾驶的疲劳，保障行车安全，设计者在考虑隧道内环境和灯光系统的设计后，用三个大洞穴以大约 6 km 的间隔将隧道分成四部分，并在每个洞穴中设置了特殊的灯光带。洞穴和特殊灯光带的设计将长隧道分割成几个连续的短隧道，使驾驶员感觉到他是在一系列较短的隧道中穿行，有效地缓解了隧道内长距离驾驶带来的疲劳，如图 1-3（a）所示。

我国隧道设计者为缓解隧道内因长距离行驶带来的疲劳问题同样进行了一些有益的尝试。秦岭终南山特长公路隧道位于包茂高速公路陕西境内西安-柞水段，横穿秦岭，全长 18.02 km，按 60 km/h 的车速计算，需要近 20 min 的时间才能通过。因此，在设计此隧道时，设计者考虑到驾驶员在隧道内的驾驶疲劳问题，为避免由此带来的安全隐患，在此隧道内采用特殊灯光带来缓解疲劳方案。这是我国公路史上的首创。洞内每隔 4 km 左右设置一处长度为 150 m 的特殊灯光带，共设置三处，相当于将隧道分为四段较短的隧道，灯光带的具体位置见表 1-1。拱顶采用"蓝天白云"灯光设计方案，并在两旁布设人工仿真植物，如图 1-3（b）所示。特殊灯光带的使用具有很强的美学功效，但更重要的是增强了驾驶员在隧道内的安全感、舒适感，缓解了单调感，在一定程度上避免了驾驶疲劳的产生。

（a）挪威洛达尔隧道特殊灯光带

（b）中国秦岭终南山公路隧道特殊灯光带

图 1-3　隧道内特殊灯光带

表 1-1　秦岭终南山隧道西安方向特殊灯光带设计参数

灯光带编号	长度/m	距隧道入口位置/m	间隔/m
1	150	5 205	—
2	150	9 216	3 861
3	150	12 891	3 525

继秦岭终南山特长公路隧道之后，我国陆续兴建的一些其他公路隧道也采用了疲劳缓解灯光带设计，如麦积山隧道、云山隧道、六盘山隧道等，其部分设计参数如表 1-2 所示。

表 1-2 我国部分隧道特殊灯光带设计参数

隧道名称	省（市、自治区）	隧道长度/km	设计速度/km/h	灯光带数量	间距或距入口位置/m	灯光带长度/m
西山隧道	山西	13.6	80	1	6.8	200
麦积山隧道	甘肃	12.3	80	2	4	100
云山隧道	山西	11.4	80	1	5.7	200
宝塔山隧道	陕西	10.5	80	2	3.5	200
六盘山隧道	宁夏	9.5	80	1	5	200
葡萄山隧道	重庆	6.3	80	1	3	20
华岩隧道	重庆	5.1	60	4	1	100

综上所述，现行国家规范中还没有对隧道内特殊灯光带的设计方法做出相应的规定。尽管国内外不少特长公路隧道采用了疲劳缓解灯光带设计，但现有的设计大多基于经验判断，所形成的方案最终也不完全相同，更没有系统科学的方法，缺乏理论依据。

1.2.2 驾驶疲劳的分类

疲劳可根据各种原因分为不同的类型。Brown 首先区分了身体疲劳（physical fatigue）和精神疲劳（mental fatigue）。Desmond 和 Hancock 将与认知超负荷相关的疲劳定义为主动疲劳（active fatigue），将与负重和单调相关的疲劳定义为被动疲劳（passive fatigue）。在一项任务中，由于任务要求持续和长时间的知觉活动协调参与而引发的疲劳称为主动疲劳；由于任务要求很少的知觉活动参与及长时间的单调环境所造成的疲劳称为被动疲劳。主动疲劳主要是由长时间的主观努力所导致的，例如，在繁忙的市区道路驾驶车辆，需要频繁的操作方向盘、油门并制动踏板，与较高的认知负荷相关。被动疲劳则是由于任务环境单调乏味、缺乏刺激或激励而引起的，因而需要很少的控制行为，与较低认知负荷相关。在此基础上，May 和 Baldwin 又进一步将驾驶疲劳细分为三类，即与睡眠相关的驾驶疲劳（sleep-related driver fatigue），与任务相关的主动驾驶疲劳（active task-related driver fatigue）和与任务相关的被动驾驶疲劳（passive task-related driver fatigue）。与睡眠相关的驾驶疲劳是由睡眠障碍或睡眠被剥夺引起的；与任务相关的主动驾驶疲劳主要是由任务负荷增加（如交通流量过大和能见度较低等因素）引起的；而与任务相关的被动驾驶疲劳通常是由任务负荷不足引起的（如单调的驾驶环境）。

根据驾驶疲劳的类型和定义可以看出，驾驶疲劳的结构是多维的。与睡眠相关的驾驶疲劳主要由驾驶员自身的睡眠因素引起，而与任务相关的主动驾驶疲劳和与任务相关的被动驾驶疲劳则由驾驶任务本身引起。除去由睡眠不足而引发的与睡眠相关的驾驶疲劳外，与任务相关的主动驾驶疲劳和与任务相关的被动驾驶疲劳在疲劳致因方面存在根本的差异，在疲劳后驾驶员的心理及生理变化和驾驶绩效等方面的表现也不完全相同。因此，区分主动疲劳和被动疲劳，对驾驶疲劳的研究具有十分重要的意义。上述不同的驾驶疲劳分类，主要是站在驾驶疲劳致因的角度进行的。驾驶疲劳致因有许多划分方法，但从根本上来说可以划分为内部因素和外部因素。内部因素主要是站在驾驶员的角度考虑驾驶疲劳的影响因素，主要包括驾驶员的睡眠状况、生理周期和个体差异等。外部因素主要包括驾驶环境、道路环境、驾驶时间、驾驶任务等。

因此，与我们通常认为驾驶员疲劳是由过多驾驶负荷或连续长时间的驾驶引起的不同，在记忆和信息处理的任务需求相对较低，缺乏适当而有效刺激的环境下同样也会导致驾驶员疲劳。也就是说，驾驶时间并不是引发驾驶疲劳的唯一因素，单调的驾驶环境和驾驶任务同样会引起驾驶疲劳。特长公路隧道段是一种相对封闭且昏暗的路段，其行驶环境不同于开放式道路。驾驶员在特长公路隧道内驾驶面临着驾驶时间较长、景观丰富度不足、驾驶环境单调和有效刺激不足等问题。在这种环境下，驾驶员容易失去警觉性并很快进入疲劳状态，产生与任务相关的被动驾驶疲劳，导致驾驶性能的快速下降，严重危害驾驶安全。

1.2.3 公路隧道驾驶疲劳检测方法与指标研究现状

疲劳导致某种可以被测量现象的出现，然而人体的黑箱决定了驾驶疲劳是不能被直接测量的，能测量到的只是疲劳的各种生理的、心理的、行为的和绩效的表现。由于疲劳的机制不明，高效、便捷的驾驶疲劳测量指标还有待研发。测量方法和指标是分析驾驶员在特长隧道内疲劳规律的关键。其中，测量方法指从哪个方面进行测量，测量指标指某种测量方法使用的特定的数据类型。例如，驾驶绩效是测量方法，而横向位移标准差则为测量指标。迄今为止，国内外的不同学者提出了诸多驾驶疲劳的测量方法和测量指标。目前，根据测量技术的不同，适用于隧道等单调环境下的、广泛被学界认可和采纳的驾驶疲劳检测方法主要归纳为生理特征测量、驾驶行为测量、驾驶绩效测量、眼动特征测量和主观感受评定等五类。

1. 基于驾驶员生理特征的驾驶疲劳测量

在疲劳状态下，驾驶员心电、肌电、皮电和脑电等生理特征指标会偏离正常值，呈现出上升或下降的趋势，因此，可以通过对生理指标的测量来分析驾驶员的疲劳状况。基于驾驶员生理特征的驾驶疲劳测量主要存在以下方法和指标。

1）脑电法

脑电信号（electroencephalogram，EEG）是大脑神经网络中锥体细胞神经元放电的结果，是大脑的一种自发电活动，可以通过采集头皮上的电位差获得。它已经较多地运用在驾驶员驾驶疲劳的检测当中。脑电信号由各种节律不同的脑电波共同作用组成，与驾驶员的精神活动有着密切的关系。依频率的不同可将脑电波分为 α 波、β 波、θ 波、δ 波和 γ 波。人的脑力活动处于不同状态时，不同频段的波形会占主导地位。脑电信号主要包括时域、频域以及空间分布信息三类指标。

Macchi 对有经验的驾驶员所做的研究发现，EEG 中 α 波与反应呈负相关。Lal 和 Craig 的研究发现，驾驶疲劳时，α 波和 β 波的变化较小，而 δ 波和 θ 波则大幅增加。Papadelis 等选取 20 名驾驶员为被测试者，提取了他们在疲劳状态时的 EEG 信号，发现 θ 波增加而 γ 波减少，这给将 EEG 作为驾驶疲劳的评价标准提供了可靠证据。新加坡大学的 Yeo 利用 EEG 信号中 β 波和 α 波在清醒和疲劳时活跃度的不同特征，使得用 EEG 识别驾驶疲劳的准确率高达 99.3%。Simon 联合德国戴姆勒-克莱斯勒公司的工程师证明了 EEG 信号对预测真实交通条件下的驾驶疲劳是有效的。赵晓华等采用驾驶模拟器对 30 名被测试者进行动态驾驶模拟试验，分析 EEG 信号随驾驶时间的变化规律，验证了将 EEG 作为驾驶疲劳评价指标的有效性，发现脑电颞叶区的四个基本指标 δ、β、θ、α 波中只有 δ 波显著增加，比率指标随驾驶时间的增加呈明显的上升趋势。Simon 在 EEG 指标的 α 波基础上，验证了其具有更高的敏感性和特异性。Gharagozlou 等对 12 名男性汽车驾驶员进行了隧道等单调道路上的模拟驾驶研究，获得了连续的脑电信号并对其做快速傅里叶变换，发现 α 波功率的变化是评定驾驶员精神疲劳状况的良好指标。

EEG 是驾驶疲劳测量的有效标准，可以用来预测长时间的任务要求所导致的绩效下降，尤其在多种生理和心理状态下，EEG 中的 θ 波均有活动。因此，当检测到连续存在的 θ 波时，可以推断被测试者出现了驾驶疲劳。目前，除了 α、β、θ、δ、γ 等传统的 EEG 指标，研究发现，δ/α 值也是比较敏感的指标。

但是，EEG 测量的缺点也很明显。首先，人类对脑电的认识目前并不充分、完全，以往进行的不同脑电研究得到的结论之间存在着一些差别，而被测试者的性格以及试验之前的状态和心情与试验结果之间也存在着内在的联系，而这种联系至今仍不清楚。其次，测试仪器的经济性、便携性差，对环境的要求高，佩戴复杂，对驾驶员的侵入性强等均干扰驾驶员的驾驶活动。最后，脑电信号容易受到外界因素的干扰，转动方向盘、转动头部以及踩踏油门和制动踏板等驾驶行为均会对 EEG 信号产生较大干扰。与模拟驾驶试验相比，在真实的驾驶情境中很难获得准确的数据，因此，EEG 并不是真实驾驶环境中最理想的驾驶疲劳评价方法。

2）心电法

心电信号（electrocardiogram，ECG）来自心脏搏动在体表形成的电位变化。心脏受交感神经和副交感神经支配，在一定程度上可以反映驾驶员的疲劳状态。QRS 波群的剧烈变化是心电信号中最具典型特征的成分，因此，R 波成为许多研究者所热衷的研究对象。目前，学术界大部分的心电信号分析均以 R 波分析为基础。

心率（heart rate，HR）直接由自主神经系统调节，其变化受交感和副交感神经双重支配，是两者拮抗作用的结果。疲劳往往伴随着 HR 的变化呈显著变化。心率变异性（heart rate variability，HRV）是指连续正常心跳 R-R 间期的微小涨落，其影响因素主要包括脑的高级神经活动、中枢神经系统的自发性节律活动、呼吸活动以及由压力、化学感受器传入的心血管反射活动等。上述各种因素对交感神经和副交感神经的综合调节作用最终均会影响心率的波动，因此，HRV 反映了心脏交感神经和副交感神经活动的紧张性和均衡性。Lee 和 Park 在研究中指出，HR 的变化主要反映了生理疲劳，而 HRV 则能够综合反映生理疲劳和心理疲劳状况。1996 年，由欧洲心血管病学会以及北美心脏起搏和电生理学会共同组成的包括数学、工程、生物和临床方面的知名专家在内的专题委员会明确指出，HRV 是评价自主神经性活动最好的定量指标。心电信号的研究主要包括时域分析、频域分析和非线性分析三种。

Knaflitz 等和 Li 等的研究均显示，人在驾驶疲劳时，其心率会减慢。对正常 R-R 间期（或差值）的直方图进行定量描述，可以获得时域分析的各项指标。HRV 的常用时域指标、单位和定义如表 1-3 所示。

表 1-3　HRV 常用时域指标、单位及定义

指标名称	单位	定　义
SDNN	ms	正常窦性心搏间期的标准差
RMSSD	ms	连续相邻正常窦性心搏间期差值的均方根
pNN50	个	相邻正常心跳间期差值超过 50 ms 的个数

将基于时域的正常窦性心搏间期转化到频域，通过功率谱密度（power spectral density, PSD）来表示。频谱曲线中的成分有高频、低频和极低频三种，分别对应着 HRV 频域指标中的 HF（high frequency）、LF（low frequency）和极低频（very low frequency, VLF）。HRV 常用频域指标、单位、定义及频率范围如表 1-4 所示。

表 1-4　HRV 常用频域指标、单位、定义及频率范围

指标名称	单位	定义	频率范围/Hz
TP	ms^2	某时限内总 NN 间期的变异	≤0.4
VLF	ms^2	VLF 范围内的功率	<0.04
LF	ms^2	LF 范围内的功率	0.04~0.15
LFnorm	Nu*	LF 功率标化单位	—
HF	ms^2	HF 范围内的功率	0.15~0.4
HFnorm	Nu*	HF 功率标化单位	—
LF/HF	—	LF 与 HF 之比	—

*Nu 为标化单位

很多研究者已经证实了 HR 和 HRV 均可以直接测量驾驶疲劳。杨渝书等发现，HRV 的多项指标与疲劳程度显著相关。驾驶疲劳时，SDNN、LF 明显上升，HF 明显下降，说明交感神经活动增加、副交感神经活动减少，而平衡性指标 LF/HF 增大，因此，可以利用以上 HRV 指标对驾驶疲劳进行量化评估。Zhang 等的研究显示，时域指标中 SDNN 的变化最能反映疲劳的变化过程，而且 SDNN 值随疲劳程度的加深呈现增加的趋势；对于频域指标，除了 VLF（极低频功率）指标在疲劳前后无明显变化外，HF、LF、HFnorm、LF/HF 等指标均可以有效地反映驾驶疲劳

状况。Yang 等人通过试验研究，同样发现，LF、HF 和 LF/HF 可以很好地反映受试者的疲劳状态。梁文杰等研究了多项生理指标在驾驶员完成驾驶模拟器任务前后的变化，其中包括 HR、LF、HF、LF/HF、VLF 等，结果发现，LF 和 HF 是心理负荷的敏感指标，可以作为驾驶疲劳的定量评估工具。董占勋选取了 10 名成年男性驾驶员，利用驾驶模拟平台采集 HRV 和眼动数据，发现 HRV 中的平衡性指标 LF/HF 与 PERCLOS p80 值的皮尔逊相关系数达到 0.728，从而证明了 LF/HF 量化评估驾驶疲劳的有效性。

还有学者通过对驾驶过程中的工作负荷和压力状态的测量，间接地测量了驾驶疲劳状况。例如，Brookhuis 和 Waard 认为，HR 可以有效地预测工作负荷；Healey 和 Picard 认为，HR 可以作为压力状态的测量指标；Casner 等以及 Suriya-Prakash 等认为，HRV 可以作为工作负荷的测量指标。

心电信号具有可靠性高、侵入性小、实时性好等优点，其检测和评估驾驶疲劳的有效性已经得到学界认可。随着腕表等体感可穿戴设备的普及，以及检测精度的不断提高，可有望实现对驾驶疲劳的实时监控与预警。在未来，使用 HRV 来监测驾驶疲劳的空间很大。心电信号的不足之处在于它易受到外界干扰因素的影响，尤其是对可穿戴设备，在提高其便携性的同时，还应提高其精确性，以降低出汗、移动等生理现象对心电信号的干扰。

除 EEG 和 ECG 外，肌电信号、皮电皮温、呼吸振幅、唾液、乳酸、血压、尿蛋白等生理指标也是客观测量驾驶疲劳的方法。然而，上述方法虽然是客观的测量方法，但缺点很明显：一是特异性不足，即随着驾驶疲劳程度的加深，生理指标会发生相应变化；反之，生理指标变化却不一定是由疲劳引起的，这表明上述指标作为客观测量方法的特异性不足。二是侵入性较强，上述指标的获得大多需要专用的测试仪，或者只有终止驾驶才能获取数据，这对驾驶员的驾驶操作影响很大，测试成本也很高。因此，这些测量大多用于试验室研究，很少应用于实际中。

2. 基于驾驶员驾驶行为的驾驶疲劳测量

基于驾驶员驾驶行为的驾驶疲劳测量是通过检测驾驶员的驾驶操作行为来评价其疲劳情况的。驾驶行为测量是针对人的面部和嘴等部位在驾驶疲劳过程中表现出的典型特征来进行测量的，主要包括眼皮闭合百分比、点头频率、偏头幅度、嘴巴微张幅度、打哈欠频率等。

1) 头部指标

头部位移传感器主要是通过监视驾驶员在行驶过程中头部的位移情况来判断其是否在打瞌睡。由 ASCI（advanced safety concepts Inc.）研制开发的头部位置传感器（head position sensor）可测量驾驶员头部的位置。该装置是设计安装在驾驶员座位上面的一个电容传感器阵列，每个传感器都能输出驾驶员头部距离传感器的位置，利用三角函数就可以计算出头在 X,Y,Z 三维空间中的位置，也能够实时跟踪头部的位置，同时根据各个时间段头部位置的变化特征，可以判断出驾驶员是否在打瞌睡。

2) 脸部指标

施树明等根据人在困倦时打哈欠的行为特征，通过捕捉驾驶员嘴部状态来判断其疲劳状况。随着计算机视觉、图像处理技术、模式识别技术以及机器学习的发展，人的面部表情的视频信息也越来越多地被用于疲劳估计中。

基于驾驶员外部行为的检测方法是无接触式的检测方法，具有一定的实用性，但存在着实时性不好的问题。当驾驶员出现疲劳时，其生理指标先于行为指标发生变化；当驾驶员的眼睛或者头都开始产生疲劳表现时，其驾驶疲劳可能已经存在很长一段时间了，这无疑增加了事故发生的可能性。另外，视线跟踪技术也面临很多问题，如在被测试者的头自由转动的情况下，视线有时难以准确跟踪到。同时，在点头动作和瞌睡之间仍然没有找到合适的相关关系，检测头部运动的准确率不高，这些都制约了行为指标在驾驶疲劳检测中的使用。

3. 基于驾驶员驾驶绩效的驾驶疲劳测量

绩效测量是指使用行车内部电脑或者外部装置对车辆的运行参数进行记录和分析。随着疲劳程度的加深，驾驶绩效会呈现出减损的趋势，如反应变慢、操作方向盘的反应速度减缓，或是在出现险情时以较大的幅度来转动方向盘，因此可以利用这些特点来检测驾驶员是否产生疲劳。在试验室内测量驾驶绩效是通过驾驶模拟器实现的；科学研究中专用的驾驶模拟器可以输出的绩效指标有很多，包括横向位移标准差（车道偏离）、纵向位移标准差（刹车深度）、平均速度、油门深度及标准差、方向盘转角、方向盘握力、跟车反应时、外周检测任务等。若在实际驾驶中研究驾驶绩效指标，可以通过车辆运行的 GPS 数据分析车辆运行的整体状况来考察。

Unal 等认为，横向位移标准差和跟车反应时是考察驾驶绩效状况的常用指标。毛科俊通过驾驶模拟舱自带系统检测方向盘转向幅度和方向盘转向频数，发现方向盘转向幅度和方向盘转向频数都随着驾驶时间的增大而增大。石坚等通过传感器测量了驾驶员驾驶时的方向盘参数，发现方向盘较长时间不动反映出驾驶员的驾驶疲劳现象。此外，驾驶员出现疲劳时，很可能导致车辆偏离车道行驶。因此，利用车辆行驶轨迹变化和车道线偏离等车辆行驶信息也可推测驾驶员的疲劳情况。

绩效测量是一种相当客观的测量方法，因此，它也成为检测驾驶疲劳的较为可靠的方法。然而，有学者依旧指出了其存在的局限性。例如，Williamson 等认为，驾驶绩效减损很可能在驾驶员疲劳之前就已经出现了。驾驶疲劳程度相当的两个驾驶员可能表现出截然不同的驾驶绩效减损模式。Belz 等人认为，新手驾驶员的驾驶绩效减损与驾驶疲劳的产生几乎是同时的，相反，经验丰富的长途客运驾驶员则可能在驾驶疲劳出现后很久才会表现出驾驶绩效的明显减损。这是因为后者具有相当丰富的驾驶疲劳应对策略和心理补偿能力。另外，绩效指标可能会受到除疲劳之外的其他因素的影响，如分心和压力。因此，对疲劳进行主观测量之外的绩效测量，有益于全面理解驾驶员疲劳状况，并能得出疲劳状态和绩效与安全性减退之间有关的结论。

驾驶绩效测量是一种间接的非接触式检测，侵入性低、简便易行、不易受到干扰，因此，受到了广大研究者的喜爱。还有，它并不只局限于检测人的状态变化，同时能检测与驾驶活动密切相关的车辆行驶状态参数。然而，基于绩效的疲劳测量往往是在驾驶模拟器中完成的，所需仪器较为专业，设备和培训也比较昂贵。另外，绩效测量还易受驾驶习惯、驾驶风格和道路条件的制约。现实世界行为存在着复杂性，一般情况下很难解释绩效下降的真正原因，其可靠性受到一定影响。例如，个人的驾驶习惯等因素使得安全与不安全的操作行为很难界定；方向盘转角的高变异性可能是不良驾驶习惯导致的，也可能是道路条件恶劣造成的，而非驾驶绩效降低。当车辆低速行驶时，这些参数很难准确地反映疲劳状况。

4. 基于驾驶员眼动特征的驾驶疲劳测量

与生理指标类似，驾驶员的疲劳也可以通过眨眼、注视点分布、眼跳、瞳孔直径等眼动特征的变化反映出来。眼动轨迹被作为疲劳测量及预警的重要参数，使得眼动分析法在驾驶疲劳检测中具有重要的地位，因此，利用眼动仪采集驾驶员眼睛变化的数据，可以准确地捕捉驾驶员的状态信息。与非疲劳状态相比，驾驶员的眼动等特征呈现出不同的状态，为驾驶疲劳测量提供了依据。

研究者从20世纪60年代开始通过眼动分析法对驾驶员的驾驶行为进行实时研究，并取得了丰硕的成果，眼动分析法也因此成为驾驶疲劳测量、预警领域的研究热点。驾驶员瞳孔的垂直搜索广度标准差是垂直驾驶视野内注视点纵坐标数值的标准差。研究表明，当驾驶员处于疲劳状态时，其瞳孔直径变小，水平和垂直注意广度增大。马锦飞等对39名驾驶员在试验室内诱发驾驶疲劳后采集到的瞳孔直径等数据进行分析得出结论：瞳孔直径大小是预测驾驶疲劳的可靠性指标，即当驾驶员报告主观困倦增加后，其瞳孔直径显著变小。付川云通过研究发现，驾驶员在出现驾驶疲劳情况后，随着疲劳程度的加深，眨眼持续时间变长；注视点整体下移并向中间靠拢；瞳孔直径减小；注视持续时间与注视次数减少，对信息的处理能力下降；眼跳幅度减小。乔飞艳研究了长隧道路段驾驶员的瞳孔直径变化情况，发现在隧道的中间段，驾驶员瞳孔直径缓慢减小。丁光明测量了特长隧道内驾驶员的眼动特性，发现与隧道入口段相比，多数驾驶员在隧道中间段平均注视次数明显降低，并认为此现象产生的原因是在特长隧道内行车，时间较长、照度较低、环境单调、刺激量少，这些均使驾驶员产生一定程度的驾驶疲劳。

随着眼动测量技术越来越成熟，基于驾驶员眼动特征的测量方法正越来越受到人们的重视。与心电法和脑电法等方法相比，眼动仪不易受到电磁等的干扰。另外，眼镜式眼动仪佩戴简单，对驾驶操作的干扰较小。但是，驾驶员在驾驶过程中不可能使头部始终保持静止，头部移动或眼镜式眼动仪的相对滑动均会使所测指标产生较大误差甚至无法得出有效的数据。

5. 基于驾驶员主观感受的驾驶疲劳评定

基于驾驶员主观感受的驾驶疲劳评定有主观自评法和主观他评法两种。两者的区别是测量结果由谁做出，由驾驶员本人做出的是主观自评法，而由专家做出的是主观他评法。其中，主观自评法是指让被测试者在驾驶前、驾驶中和驾驶后分别叙述自我疲劳的感觉，使用专门设计的量表调查驾驶员的主观疲劳感受，根据驾驶员叙述症状的出现频次和程度来评价其疲劳程度。常见量表有瑞典的 SOFI-25 量表（Swedish Occupational Fatigue Inventory-25，瑞典职业疲劳问卷）、Chalder 疲劳量表（Chalder Fatigue Scale）、驾驶员自我记录表、睡眠习惯调查表、斯坦福睡眠量表（Stanford Sleepiness Scale）、Epworth 嗜睡量表（Epworth Sleepiness Scale）、Piper 疲劳量表（Piper Fatigue Scale）等。主观他评法是指让专家通过驾驶员的眨眼、点头、打哈欠和嘴部动作等外部表现评判其驾驶疲劳程度。

主观评估报告法操作简单、经济性好、无关干扰小，驾驶员易于接纳，但同时也有很大的局限性。首先，主观自评法是一个主观过程，驾驶员在自我评价时会对自身疲劳产生觉醒，也就是说，即使驾驶员在评估前处于疲劳状态，但在自我评价的过程中也可能会使其在一定程度上清醒，进而影响主观测量的效果。其次，主观自评法还易受被测试者记忆能力、理解能力、测试动机、个性差异等条件的制约，如果驾驶员正常的自我认识能力下降，其主观评价效度也会大大降低。而主观他评法易受专家使用标准差异的影响，可靠性不高。因此，在驾驶疲劳的测量中主要使用生理测量、行为测量等客观的测量方法，而主观测量方法一般作为辅助测量方法使用。

1.3 研究内容

本研究针对大交通流特长高风险隧道疲劳缓解带设计与评价方法进行研究，主要包括以下三个内容。

（1）隧道内实体环境对驾驶员疲劳影响特征。

（2）特长隧道疲劳缓解带设计标准及方法。

（3）特长隧道疲劳缓解带评价方法。

第 2 章　隧道内实体环境对驾驶员疲劳影响特征

为深入研究隧道内实体环境对驾驶员的疲劳影响特征，本章首先对已建成并运营的隧道内交通事故时间、空间分布以及车型分布等进行调研和统计，分析交通事故诱因，并以此为基础分析特长公路隧道驾驶疲劳致因，最后通过现场试验寻找驾驶员在特长隧道内的驾驶疲劳规律。

2.1　特长公路隧道特征及驾驶疲劳致因

特长公路隧道驾驶环境的特殊性使得驾驶员在驱车接近、进入、离开隧道的过程中，必然会产生一系列生理心理变化。隧道出入口段的明暗交替、隧道内的冗长封闭空间等均会对驾驶员造成不良影响，进而诱发交通事故。

2.1.1　特长公路隧道环境特征

特长公路隧道作为相对封闭的管状结构，两侧与顶部为封闭结构，具有与普通路段完全不同的行驶条件，致使交通环境状况产生了一定的差异。

1. 进出口段亮度变化大

在天气晴朗的白天，隧道外照度可达数万甚至十万勒克斯，当进入隧道内部后，照度急剧下降至几十到一百勒克斯。当环境光亮程度突然变化时，人眼对光的感受性下降，要经过一段时间才能适应。当驾驶员由明亮的外部进入隧道或由隧道进入明亮的外部时，由于洞内外环境亮度水平差异较大，要经过一定时间才能够看清楚前方道路情况，这种现象称为"视觉适应滞后"。当驾驶员从光亮处进入暗处时，视网膜的敏感度逐渐增高，眼睛习惯隧道内黑暗环境的过程称为暗适应；驾驶员从隧道黑暗处进入外部光亮处时的适应过程称为明适应。当汽车行驶至特长隧道洞口时，驾驶员视野中的天空、露天路面、附近建筑物等的亮度远远高于隧道洞口处，这将导致驾驶员视觉中的洞口变黑，无法辨认前方的路面情况，难以发现障碍物，这种现象称为"黑洞效应"；同样，当车辆行驶至隧道出口处时，驾驶员会看到一个刺眼的炫亮白洞，产生一定程度的眩感，引起短期视觉障碍，称之为"白洞现象"。夜间行驶的视觉效果与白天相反，但是照度突变同样会导致驾驶员难以辨别道路交通情况，难以发现障碍物，从而产生视觉盲区，引发事故。

2. 内容环境照度低

照度是给定方向上的任何表面的每单位投影面积上的光照强度。车辆驶入特长隧道，经过入口段、过渡段时，照度快速减小，当驶入隧道内部路段时，照度仅为几十至一百勒克斯。若隧道通风达不到要求，隧道内部汽车排出的尾气则无法及时消散，易形成烟雾，吸收车灯及道路照明光照，进一步降低了能见度，导致驾驶员视线受阻，严重影响驾驶员判断的准确性。

3. 环境噪声大

噪声是不同频率、不同强度且无规则组合在一起的声音，一般用分贝（dB）来表示噪声的强度。噪声可以影响人的身心健康，长时间处于

85 dB 以上的噪声环境中，会影响人的听力。而高于 120 dB 的噪声可以引发耳聋，损伤听觉器官。此外，噪声可引起神经系统紊乱，严重影响人体生理机能。

汽车行驶过程中会产生以下多种噪声：发动机噪声、路面噪声、轮胎噪声、风声噪声、共鸣噪声等。其中，路面噪声和轮胎噪声是车辆在隧道内行驶时的主要噪声。轮胎噪声是指汽车高速行驶过程中轮胎接触地面所产生的噪音。研究表明，在干燥路面上，车辆速度达到 100 km/h 时，轮胎噪声为整车主要噪声源。路面噪声是指车辆高速行驶时，风切入形成的噪音以及带动底盘震动产生的噪音。由于声音本身的折射和叠加性质，隧道内车辆行驶时产生的噪音经过隧道内壁的反射会产生噪声污染，影响驾驶员正常的操作和判断能力。

4. 亮度纵向均匀度低

与室外自然光照相比，由于隧道内照明设备的不连续布置，隧道内部的亮度纵向均匀度较低，隧道内部本身就昏暗的环境加剧了亮度均匀度的视觉效果，极易形成"斑马效应"，如图 2-1 所示。

图 2-1　某城市下穿隧道斑马效应

当驾驶员以一定速度通过隧道时，上述的"斑马效应"在驾驶员看来就会变成"频闪效应"，驾驶员将持续受到明暗交替的视觉刺激。如图

2-2 所示，当闪烁频率介于图中所示的范围时，驾驶员的视觉敏感度系数较高，不适感更强，设计时应避免频率落在上述范围内。

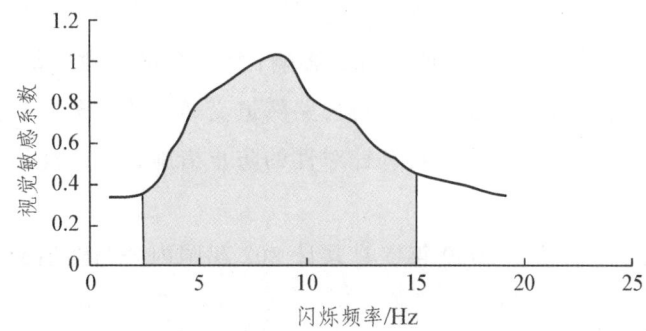

图 2-2　公路隧道照明设计细则中要求避免的闪烁频率范围

5．环境空气质量差

公路隧道是一个相对封闭的环境，其内部空气质量较外部环境差。特别是特长隧道中部，来往车辆行驶所排放的尾气中包含多种有害成分，如 CO、SO_2、NO_x 等，这些将严重污染整个隧道空间。此外，车辆行驶产生的扬尘不易排出，降低了隧道内部的能见度。隧道内废气和废尘的长时间聚集，一方面易沉积于路面，降低路面的附着系数，影响交通安全；另一方面，随着隧道空气中有毒有害成分浓度的增加，驾驶员和乘客的精神状态和身体健康将受到危害。

6．路面附着系数低

路面附着系数对行车安全影响重大。如前所述，由于隧道内聚积的废气、尘埃易沉积于路面，长此以往会降低隧道内行车路面的附着系数。此外，考虑到沥青性质和隧道内消防的要求，隧道内多采用水泥混凝土路面，而隧道外多为沥青路面，这就引发隧道内外路面附着系数产生差异。特别是雨天，车辆从潮湿的沥青路面高速驶入干燥的水泥混凝土路面时，路面附着系数发生急剧变化，容易导致车辆打滑。

2.1.2 特长公路隧道交通事故特征

隧道狭长而相对封闭的特性决定了隧道交通安全的复杂性。一旦在隧道内发生交通事故，将会产生重大影响，加上疏散和救援都相对困难，进而影响公路的通行。因此，分析公路隧道交通事故的分布特征，总结交通事故的发生规律，提出具有针对性的防止措施，对于隧道交通的安全运营具有重要意义。

对2006年1月至2009年5月共计802起国内公路隧道交通事故的分析如下。

如图2-3所示，在夜间，公路隧道交通事故主要集中在0点，而白天隧道内的交通事故主要集中在14点至16点。分析其原因，驾驶员在夜晚0点达到相对疲劳与嗜睡的峰值，不能对行车状况的变化做出及时有效的判断；而在14点至16点，驾驶员也处在一天中容易疲劳的时间段，这是事故发生的另一个高峰。

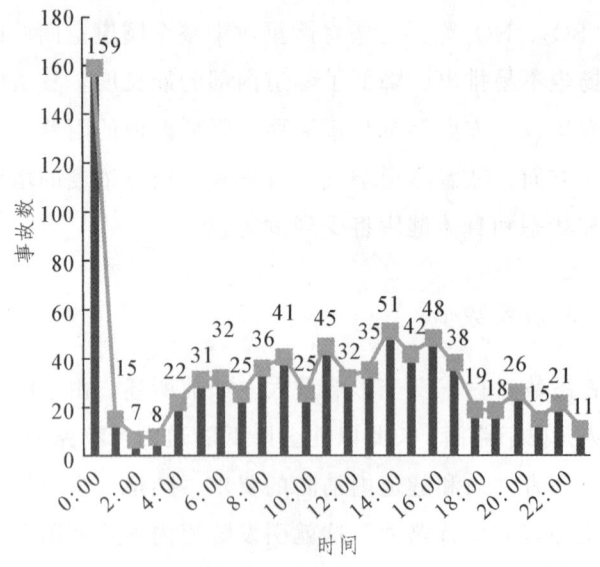

图2-3 时间分布

如图2-4所示，长隧道内的交通事故数量最多且占比最大，共329

起，占比 41%；特长隧道内的交通事故共 211 起，占比 26%。分析其原因，长隧道和特长隧道由于距离相对较长，车辆需要在其中行驶较长的时间，且隧道因其半封闭和狭长的特点，使驾驶员容易产生逃逸心里；此外，由于隧道环境单一，驾驶员在单调的环境下精神高度集中一段时间后，很容易产生疲劳，进而引发交通事故。

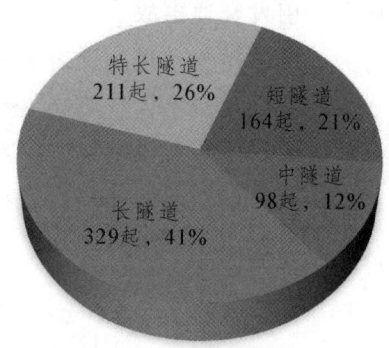

图 2-4 长度分布

由图 2-5 可以看出，公路隧道中间段发生的交通事故次数最多，占总数的 59%，其次是入口段、出口段、入口过渡段和出口过渡段。其中，

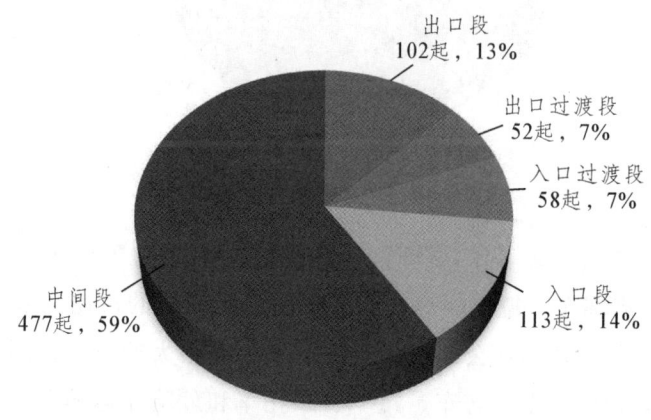

图 2-5 空间分布

出口过渡段和入口过渡段、出口段和入口段发生交通事故的概率相当；而隧道中间段是交通事故的高发路段。分析其原因，这是由"黑洞效应"和"白洞效应"所致。隧道入口段和出口段的事故发生概率高于其过渡段，但由于出入隧道时，外部环境发生变化，驾驶员精神比较集中；相反，隧道中部由于单一的环境，驾驶员在前部精神高度集中一段时间后，容易在隧道中部产生疲劳，引发交通事故。

由图 2-6 可以看出，单车道和 5 车道的交通事故数最少，两者之和只占总数的 10%，而 2 车道交通事故数占比高达 65%。分析其原因，单车道公路使驾驶员无法进行变道、超车等行为，5 车道又给驾驶员提供了较大空间而不易发生剐蹭等事故；而 2 车道公路隧道在我国公路中占比相对很大，因此事故数量也较多。

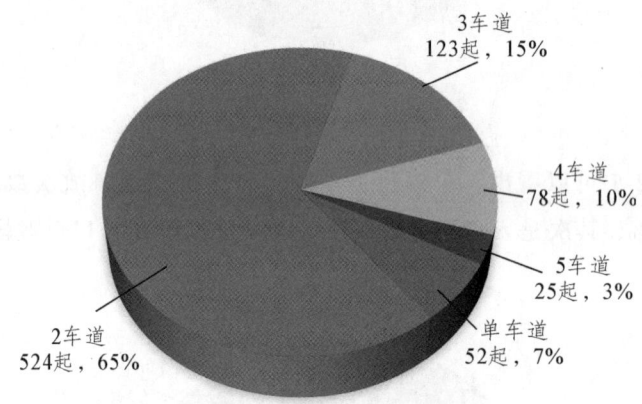

图 2-6 车道分布

由图 2-7 可以看出，小轿车是隧道交通事故的主要车型，占比达 66%，而中型客车、罐车、摩托车和危险品运输车的占比均未超过 5%。分析其原因，小轿车在公路交通中本身就占有很大的基数，因此，相应交通事故数量也较多；客车、罐车、摩托车和危险品运输车由于其自身体积较大和性质特殊等原因，相较于小轿车，不易在隧道中进行变道和违规超车等行为，因此事故数量也较少。

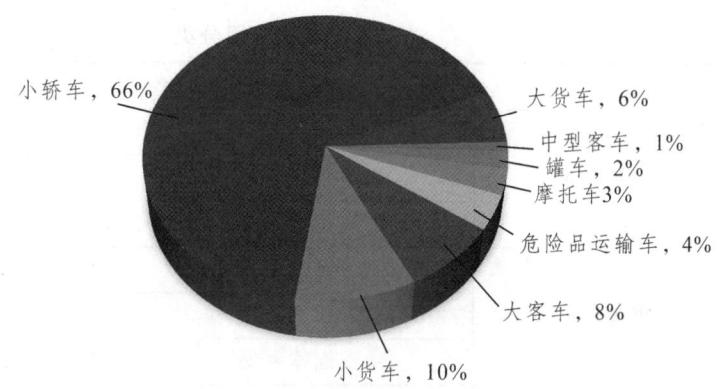

图 2-7　车辆类型分布

由图 2-8 可以看出，隧道事故类型主要为追尾、火灾和剐蹭。

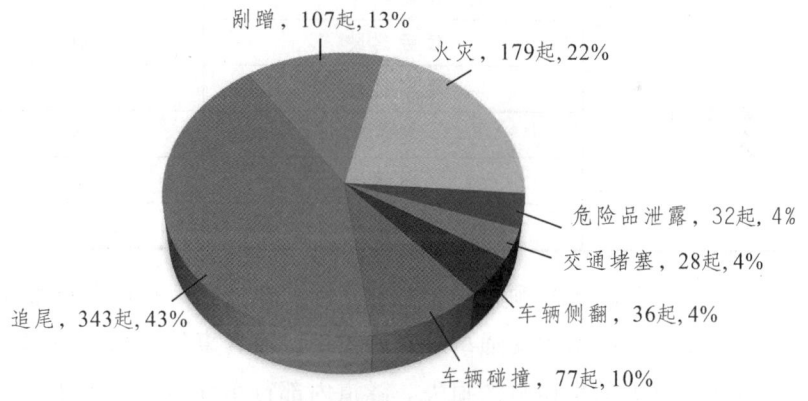

图 2-8　事故类型分布

由表 2-1 可以看出，隧道交通事故的起因主要是人为因素，其中又以违规超车、疲劳驾驶和跟车过近而引起的事故最多。分析其原因，这三种因素与隧道内单调环境而引起的驾驶疲劳密不可分。根据研究，驾驶疲劳的驾驶员常常有频繁变换车道、无法控制行车速度、违规超车等外在表现，因此，隧道内单调的环境极易使驾驶员产生驾驶疲劳，引发疲劳驾驶、违规超车、超速等交通事故。此外，隧道长而半封闭的特征给驾驶员确认和控制车距带来负面影响，特别是在驾驶员产生驾驶疲劳情况下，容易发生因跟车过近为直接因素的交通事故。

表 2-1 事故诱因分类

分 类	事故诱因	事故数
隧道因素	路面湿滑	28
	隧道照明不佳	4
	隧道控制设备失效	2
车辆因素	线路故障	68
	转向失灵	27
	刹车失效	12
环境因素	地质灾害	9
	气象灾害	7
人为因素	违规超车	172
	疲劳驾驶	146
	跟车过近	122
	超载	95
	超速	78
	故意违停	32

公路隧道是公路的瓶颈路段，是公路网安全通畅运行的关键部位。受诸多因素影响，隧道内交通事故时常发生，而且事故后果往往都比较严重，造成了巨大的生命财产损失。隧道内部行车环境单调乏味，空间封闭性较强，使得高速运行状态下驾驶员视域刷新频率高，视野范围相对狭小，加上隧道群路段环境光照度频繁突变，进而引起驾驶员在隧道进出口处产生强烈的视觉机能变化，这不仅影响驾驶员对环境信息的正确感知，而且进一步影响驾驶员的驾驶行为。

此外，在隧道长度超过 1 000 m 时，事故率会急剧上升。长隧道和特长隧道更容易发生事故的现象与隧道环境对驾驶员的生理和心理影响有着密不可分的关系，驾驶员在这些隧道内的驾驶时间相对更长，隧道内不良的行车环境对驾驶员的负面影响时间也更长,驾驶疲劳的积累程度更深。

综上所述,大量交通事故统计研究证实,特长公路隧道内,驾驶员极易产生驾驶疲劳现象,导致事故率明显升高,这将严重危害人们的生命财产安全。

2.1.3 特长公路隧道驾驶疲劳致因

驾驶员在道路交通中起着主导作用,其驾驶行为的决策和实施在交通事故发生因素中大约占80%。因此,不能将驾驶员的驾驶行为单纯地看成一个完全机械过程,应意识到驾驶员是交通安全的重要控制性因素,应深入探究公路隧道驾驶疲劳致因。

疲劳是人体机能下降的一种较为复杂的表现,驾驶员在特长隧道内驾驶疲劳的产生与诸多因素有关,如图2-9所示。

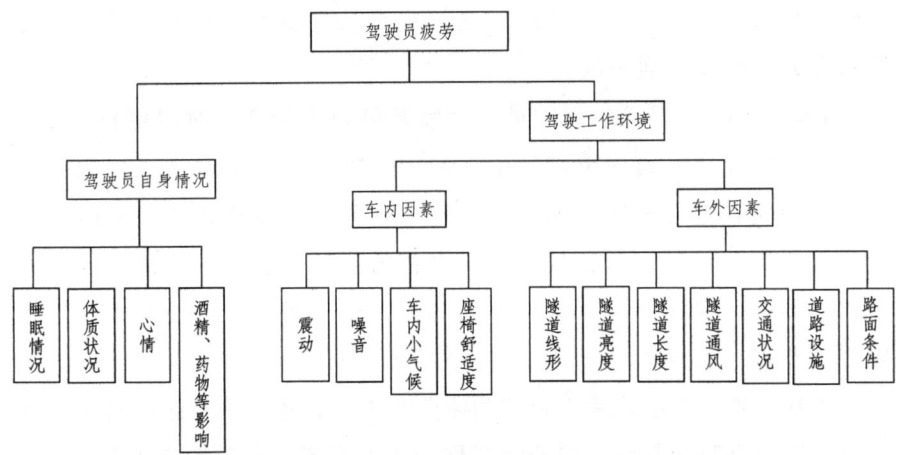

图 2-9 特长公路隧道驾驶员疲劳影响因素

由图2-9可知,导致驾驶员隧道内疲劳的因素主要有驾驶员自身情况、驾驶工作环境,其中,驾驶员自身情况指的是驾驶员由于睡眠不足、体质较差、饮酒或服用某些药物等引发的疲劳。然而,这些因素并不是因在隧道内驾驶产生的,其产生原因与驾驶工作没有直接的因果关系,因为进行其他工作时也会出现上述疲劳现象。因此，上述疲劳致因不是特长隧道环境对驾驶员疲劳影响研究的重点。

隧道内特殊的环境构成了隧道行车特有的车外因素，这一因素引发的疲劳与隧道内的驾驶工作密切相关。公路隧道狭长而相对封闭的特性决定了隧道内行车具有环境相对昏暗、能见度较低、照明设备不连续、光照分布不均匀等特点。鉴于隧道的封闭性，驾驶员的视野在进入隧道后被控制在一个狭长的范围内，视野的连贯性遭到阻隔，加上隧道内缺乏有效的参照系统，参照信息量较少，致使驾驶员的速度感、距离感和时间感相对于其他路段明显降低，在这种情况下，驾驶员很容易因为缺乏有效刺激而产生驾驶疲劳。同时，由于隧道内照明设备的不连续布置，即照明灯具之间有一定的间隔，当车辆以一定的速度在隧道内行驶时，驾驶员会不断受到明暗变化的刺激，即"频闪"效应。另外，如果隧道内的纵向亮度均匀度较低，路面上还会反复出现暗带和亮带，即"斑马"效应，这种视觉的重复也极易使驾驶员产生驾驶疲劳，引发交通事故。

不同于中、短隧道，驾驶员在超特长隧道内的驾驶时间更长，由驾驶员长时间处在隧道内单调环境下而引发的驾驶疲劳是造成隧道交通事故数量随着隧道长度增加而增加这一现象的主要原因。若长时间在单调的环境下驾驶，驾驶员对周围事物的敏锐性将大大降低，导致其思想不集中或偏移到与道路交通无关的其他事情上，致使其很快进入疲劳状态。

疲劳一般分为主动疲劳和被动疲劳，由于任务要求持续或者长时间的知觉活动协调参与而造成的疲劳称为主动疲劳；由于任务要求很少的知觉活动参与、长时间的单调反应所造成的疲劳称为被动疲劳。其中，主动疲劳是由睡眠不足或主观努力所导致的，通常伴随着较高的体力或者脑力负荷，而被动疲劳则是由于作业环境单调乏味、缺乏刺激或激励而引起的，与低认知负荷密切相关。综上所述，在一般情况下，驾驶员在特长公路隧道内的驾驶属于被动疲劳。

2.2 特长公路隧道驾驶疲劳规律现场测试

为了获得驾驶员在特长公路隧道内的驾驶疲劳规律，本章依托工程杨林特长隧道进行实地行车试验。

2.2.1 疲劳评价方法确定

大量的测试数据表明，驾驶员的困倦程度能通过生理特征指标准确而有效地反映出来。驾驶员疲劳的生理学测量方法主要包括脑电法、心电法、肌电法、皮电法、皮肤温度法、呼吸法等。然而，在实际测试当中，由于肌电测试时电极安装放置容易受着装的影响，并且受驾驶员驾驶操作干扰较多，影响数据的准确性，因此，肌电法不适于驾驶过程中的疲劳测试。呼吸测量法主要通过测试呼吸量及呼吸率来间接反映驾驶员的疲劳状况；由于其信息存在着不确定性及不稳定性，特异性也不足，因此本研究不采用此测试方法。人体皮肤汗腺分泌由交感神经支配，当驾驶员处于清醒或兴奋或紧张状态时，交感神经会使皮肤的新陈代谢加快，导致皮肤温度升高，相应的汗腺分泌增加，此时，皮肤温度与皮电测试方法均可以反映驾驶员的精神状态；然而，当驾驶员处于疲劳状态时，皮肤温度与皮电测试方法就显得不敏感且很容易受到外界环境的影响，因此，此测试方法同样不适合本研究的需要。脑电法虽然能直接准确地反映大脑的活动情况，但测试仪器的经济性、便携性差，对环境要求高，加上佩戴复杂，对驾驶员的侵入性强，干扰驾驶活动，综合考虑试验的安全性和经济性，此方法同样不适用本研究的需要。

由于心脏同时受交感神经与副交感神经的支配，其中，交感神经促使心脏活动增强，副交感神经促使心脏活动减弱，而心电图又能反映心脏活动情况，因此，心电信息可以反映驾驶员的疲劳状态，准确地检测驾驶员的疲劳状况。现在，心电测试已广泛地应用于国内外驾驶疲劳的研究之中，成为大家公认的评价驾驶疲劳的有效指标。

此外，随着科学的进步和技术的发展，作为精密仪器之一的眼动仪开始渐渐为人们所接受并广泛地应用于科学试验中。眼动技术就是通过记录轨迹并从中提取诸如注视点、注视时间和次数、眼跳幅度、瞳孔大小等数据，来研究个体的内在认知过程。20世纪60年代以来，正是由于摄像技术、红外技术和微电子技术的飞速发展，特别是计算机技术的运用，才推动了高精度眼动仪的发展。与20世纪相比，现在的眼动仪已经变得更加精确稳定，功能更加完善与丰富，这极大地促进了眼动研究在国际心理学及相关科学中的应用。眼动心理学的研究已经成为当代心理学研究的一种有用范型。作为驾驶行为的承担着，驾驶员在驾驶时有80%以上的信息是通过视觉获得的，而眼动特征是其驾驶行为的直接反应。此外，眼动仪不易受到电磁等的干扰，眼镜式眼动仪佩戴简单，对驾驶操作干扰较小，眼动特征也因此成为疲劳指标评价的重要方法之一。

综上所述，本研究采用心电与眼动方法来评价驾驶员通过特长公路隧道的疲劳特征。

2.2.2 试验设备及处理软件

1. 试验设备

现场测试所采用的设备如表2-2所示。

表2-2 特长公路隧道驾驶疲劳测试所用仪器与设备

序号	设备名称	型号	数量
1	5座汽车	TOYOTA PRADO	1辆
2	眼动仪	Tobii Pro Glasses 2	1套
3	动态心电记录仪	VasoMedical CB	1套
4	笔记本电脑	DELL Inspiron 15	1台

1) Tobii Pro Glasses 2 眼动仪

Tobii Pro Glasses 2（见图2-10）是瑞典 Tobii Group 研发的一款带有

无线实时观察功能的可穿戴式眼动仪，采样频率 50 Hz，专为研究真实世界环境下的人类行为而设计，拥有超轻的质量，采用了以用户为中心的设计，可获得最自然的视觉行为数据。Tobii Pro Glasses 2 眼动设备主要由头戴模块和记录模块组成。其中，头戴模块可捕捉受访者看到的场景和眼动追踪数据，仅重 45 克，设计严谨，可为受访者提供最大限度的自由度，可获得最真实的人类行为。记录模块可记录眼动追踪数据并将其保存在 SD 存储卡上，可以通过无线信号实时传输至控制电脑上。记录模块体型小巧，让受访者能够无负担、无限制的自由行动。

（a）头戴模块　　　　　　　　（b）记录模块

图 2-10　Tobii Pro Glasses 2 眼动设备

2）VasoMedical CB 动态心电记录仪

VasoMedical CB 动态心电记录仪（见图 2-11）是一款 12 导联动态心电设备。动态心电记录仪自带液晶显示屏，可实时显示并任意切换心

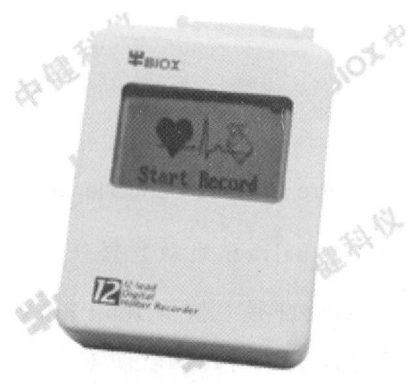

图 2-11　VasoMedical CB 动态心电记录仪

电波形，具备独立起搏信号记录通道，尺寸为 65.5*52*18 mm，质量仅约 50 g，具有轻便、易于携带等特征。

2．处理软件

1）Tobii Pro Glasses Controller 眼动仪控制软件

Tobii Pro Glasses Controller 是一款与 Tobii Pro Glasses 2 配套的，用于眼动仪运行时对眼动仪进行控制与实时监测的软件（见图 2-12）。这是一款简单易用的软件，可控制和运行 Tobii Glasses 眼动试验，软件可在任何 Win 8 Pro 及以上的平板电脑或任何 Win 7 及以上的计算机上运行。Tobii Pro Glasses Controller 软件具有校准、开始/停止记录、受访者信息管理、记录管理、实时观察、眼动视频回放、眼动视频导出等功能。

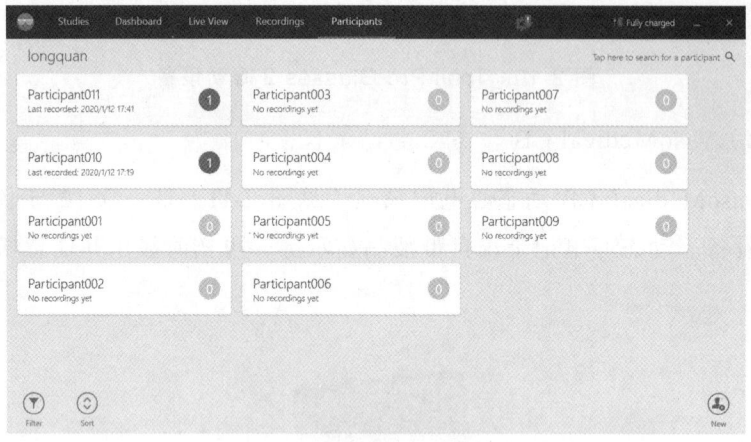

图 2-12　Tobii Pro Glasses Controller 用户管理界面

2）Tobii Pro Glasses Analyzer 眼动数据分析软件

Tobii Pro Glasses Analyzer 是一款与 Tobii Pro Glasses 2 配套的，对眼动仪测试数据进行后期处理与导出的软件（见图 2-13）。如果研究人员希望得到比实时观察更深入、更全面的结论，Tobii Pro Glasses

Analyzer 可提供数据后期分析的强大工具。该软件专为可穿戴式眼动追踪研究而设计，功能包括数据的叠加、诠释和可视化，以确保采集数据的完整、清晰。

图 2-13　Tobii Pro Glasses Analyzer 记录回放界面

3）CB 系列心电回顾分析系统 Pro 版

作为与 VasoMedical CB 动态心电记录仪配套的数据可视化与分析软件，CB 系列心电回顾分析系统 Pro 版软件（见图 2-14）的分析功能全

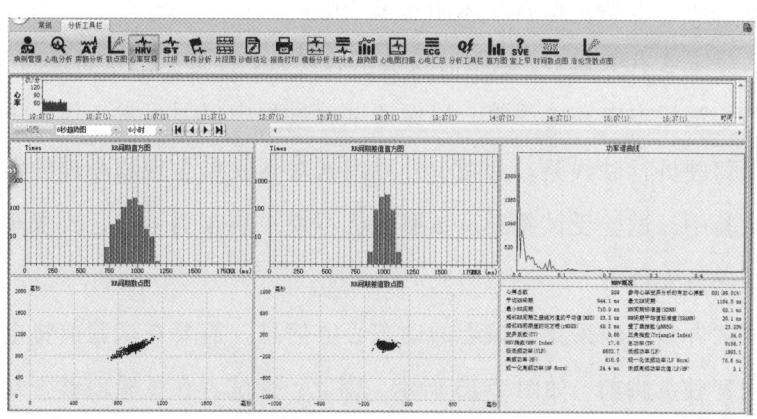

图 2-14　CB 系列心电回顾分析系统 Pro 版变异性分析

面，除了基本的心率、ST 段分析功能外，还具备心率变异（HRV）分析、心率震荡（HRT）分析、色谱图等诸多研究功能。该软件同时提供特色编辑手段，多通道分析，以提高自动分析的准确性。

2.2.3 试验方案及实施步骤

试验选在晴好、无降水及雾的天气状况下进行。

试验地点选取为昆明绕城高速公路东南段杨林隧道，具体为隧道进口洞外 500 m 至隧道出口洞外 500 m 之间的路段。试验时隧道处于正式通车前夕，建造及设备安装设施已经完成，隧道内部有施工工程车辆，无其他社会车辆。隧道路段限速 80~100 km/h。

试验受试驾驶员驾龄五年以上，持有 C2 驾驶证，驾驶技术娴熟，且有良好的驾驶习惯，身心健康状况良好，无生理缺陷和疾病，无重、特大事故经历。此外，考虑到眼镜式眼动仪的佩戴问题，驾驶员可以做到裸眼驾驶。要求被测试者在被试前三天内不能服用对驾驶有影响的药物，试验前一天禁止饮酒并保证充足睡眠。

试验注意事项如下：试验前校准试验设备，各种应急设备准备齐全，如电池、笔记本电脑电源等，以保证试验过程中仪器正常工作。主试预先告知驾驶员行驶线路。为减少外界因素对驾驶员生理和心理的影响，行车试验中，试验受试驾驶员按照自己习惯控制车辆运行，要求车内其他人员保持安静。

主试告知试验采集受试者的动态心电信息，需要在试验前将电极片粘贴到驾驶员胸前，如图 2-15 所示，因此，受试者在试验前被告知并同意进行动态心电数据采集。本试验中使用的动态心电电极片及其粘贴方式如表 2-3 和图 2-16 所示。

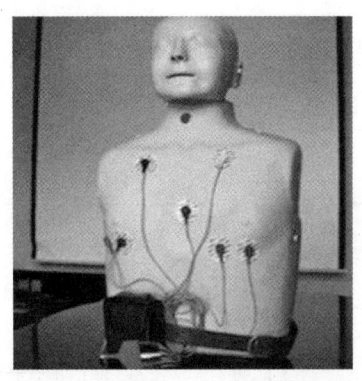

图 2-15 动态心电电极片连接示意图

表 2-3 12 导联 10 电极贴放位置表

电极	颜色	位置
RA	白	位于右锁骨中点下方
LA	黑	位于左锁骨中点下方
V1	红	位于胸骨右缘第四前肋间
V2	黄	位于胸骨左缘第四前肋间
V3	绿	位于 V2、V4 中间位置
V4	蓝	位于左第五前肋间、锁骨中线
V5	橘红	位于左侧腋前线与 V4 水平位置
V6	紫	位于左侧腋中线，与 V4 与 V5 同一水平位置
RL	绿	位于右下肋软骨上
LL	红	位于左下肋软骨上

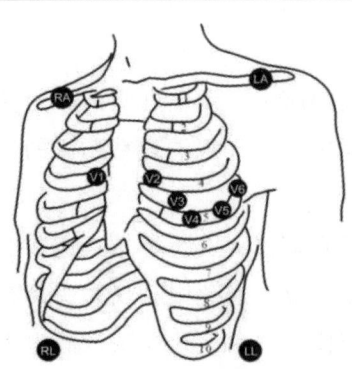

图 2-16 试验用 12 导联 10 电极粘贴位置示意图

试验流程如图 2-17 所示，具体试验步骤如下：

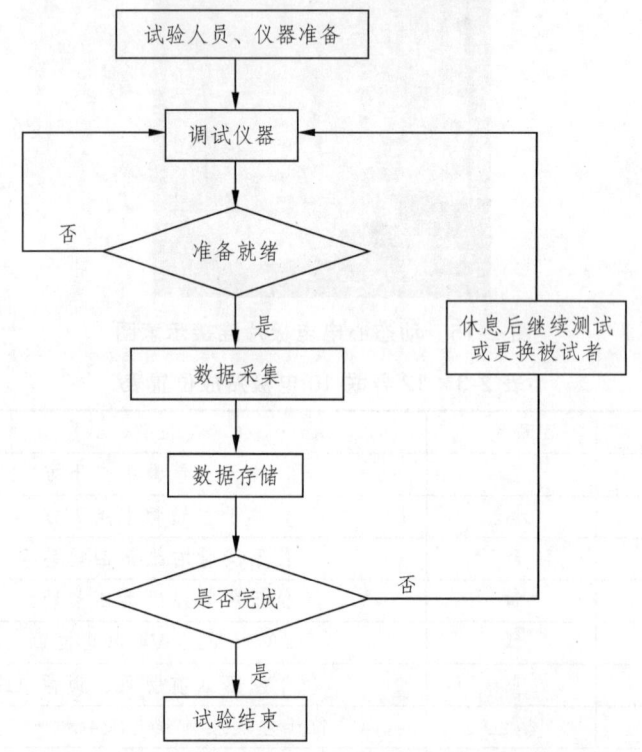

图 2-17　特长公路隧道驾驶疲劳规律现场测试流程图

（1）通知机电负责人员关闭隧道内疲劳缓解灯光带，仅保留与隧道中间段照明相同的基本照明，以实现驾驶员在无疲劳缓解灯光带的特长隧道内驾驶。

（2）受试者坐在驾驶座上，调整好座椅，为受试者粘贴电极片。粘贴电极片前应用医用酒精喷雾仔细清理粘贴区的皮肤，连接导线，开启心电记录仪器。

（3）为受试者佩戴眼动仪，安装鼻托，连接电脑并校准，告知受试者佩戴期间避免触碰眼动仪，避免眼动仪和头部有相对移动。

（4）在受试者适应仪器之后，让受试者静坐于驾驶室，以获取驾驶员的基本生理参数。

（5）获得基础参数：摘下动态心电记录仪，将数据导入电脑；眼动仪停止记录。

（6）重新连接动态心电记录仪，并打开，眼动仪重新开始记录；告知受试者不要有心理压力，正常驾驶；受试者从外口 500 m 处进入隧道，开始正式试验。由于仍有施工人员和车辆在隧道内，为保证驾驶安全，试验过程中驾驶员控制车速约为 60 km/h，单次隧道内的行驶时间约 10 min，如图 2-18 所示。

（7）当受试者驶出隧道 500 m 时，停车，摘下动态心电记录仪，将数据导入电脑；眼动仪停止记录，受试者将车辆掉头，受试者休息 10 min。

（8）重新连接动态心电记录仪，并打开，眼动仪重新开始记录，让受试者从洞口 500 m 处重新进入隧道，驾驶至最初出发的位置。

（9）当受试者驶出隧道 500 m 时，停车，摘下动态心电记录仪，将数据导入电脑；眼动仪停止记录；受试者掉头。

（10）该受试者完成试验后，为其摘下仪器和电极，询问被测试者的主观感受。

（11）下一位被测试者重复步骤（1）~（10）的步骤。

图 2-18　驾驶疲劳规律现场测试

2.3 特长公路隧道驾驶员心电与眼动特征

2.3.1 指标选择

1. 眼动指标选择

根据国内外通用的驾驶疲劳评价指标，本试验将瞳孔直径作为评价驾驶员在特长公路隧道内驾驶疲劳的眼动指标。瞳孔直径是反映人体生理和心理活动的一项重要指标，人在进行心理活动时瞳孔大小会有较大变化。瞳孔大小的变化是由巩膜内的瞳孔括约肌和瞳孔散大肌共同负责的，其中，瞳孔括约肌受动眼神经的副交感神经支配，瞳孔散大肌受动眼神经的交感神经支配。由于交感神经的机能与身体反应相联系，当人体遇到威胁、兴奋与紧急情况时，交感神经活动起主要作用；交感神经的主要功能是使瞳孔散大，心跳加快，皮肤及内脏血管收缩，血压上升；而副交感神经的作用是保存能量，使身体的反应减慢，瞳孔缩小，心跳减慢，血压降低，在身体休息和放松时副交感神经处于积极状态。因此，瞳孔的变化能反映驾驶员在特长公路隧道内的驾驶疲劳特征。

2. 心电指标选择

心脏各部位在兴奋过程中出现的电变化的方向、途径、顺序和时间等，在每个心动周期内，都呈现特定的规律。由大量心脏细胞有序活动产生的生物电变化通过心脏周围的导电组织和体液，反映到体表，使得心脏具体部位在每个心动周期也经历规律性的变化。将测量电极放置在体表特定位置所记录下来的心脏电变化曲线就是当下临床上记录的心电图。心脏兴奋的产生、传导和恢复过程中的生物电变化都能体现在心电图上。如图2-19所示，一系列重复出现的波、段和间期组成正常的人体心电图。

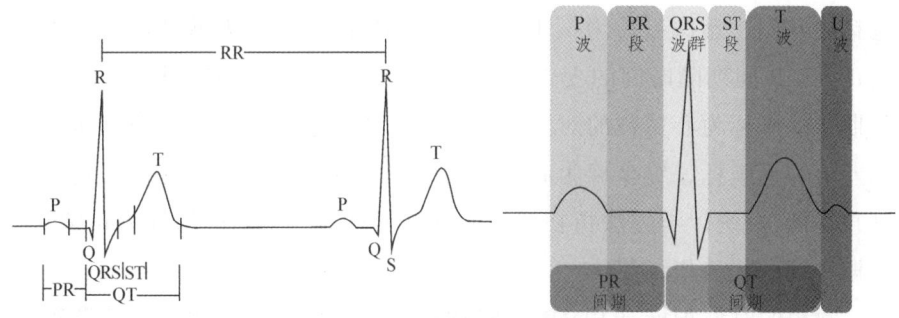

图 2-19　心电图典型波形

本研究拟选取心率变异性指标。

逐次心搏间期之间的微小变异称为心率变异性（heart rate variability，HRV）。在生理条件下，心脏窦房结自律活动通过交感神经和迷走神经、神经中枢、压力反射和呼吸活动等因素的调节作用，使得心脏搏动间期一般存在几十毫秒的差异，此指标用于评估自主神经系统的活性。RR 间期（RR interval）横坐标是连续的心博次数，纵坐标是 RR 间期值大小，它们形成一个序列，此序列称为 HRV 信号。HRV 能综合反映驾驶员体力与脑力疲劳状况。在正常 RR 间期测量的基础上获得 HRV 各项指标，即 RR 间期分布、统计分布以及 HRV 功率谱。根据时频分析理论，可以分析疲劳状态下驾驶员心电信号的 HRV 各项指标变化特征。

ECG 信号通常被视为平稳或准平稳信号，可通过提取 ECG 信号得到 HRV 信号。具体方法为：识别逐次心博的 QRS 波，并检测每个 R 波的发生时刻，计算连续心博的正常 RR 间期，通过不同的序列转换方法得到 HRV 信号。按照研究目标的不同，HRV 分析包括短时 HRV 分析与 24 小时 HRV 分析。临床试验中，一般采用 24 小时 HRV，以达到分析病人身体状况的目的。而驾驶员操控车辆通过特长隧道路段的驾驶疲劳现象为本研究的研究重点，因此，本研究采用短时 HRV 分析。

关于 HRV 的分析方法，主要包括时域分析和频域分析两大类。

（1）时域分析法指在时域内的几何图形法和统计学方法。其中，几何图形法给出了 RR 间期的变异度，对正常 RR 间期的分布进行分析。

包括栅状图（逐次心搏为横坐标，正常 RR 间期长度为纵坐标，主要反映正常 RR 间期随时间的变化情况）、RR 间期分布图（横坐标是正常 RR 间期，纵坐标为心搏数的对数）、RR 间期差值直方图（相邻正常 RR 间期差值为横坐标，纵坐标为心搏数的对数，由横坐标和纵坐标一起来绘制直方图）。统计学方法指在评价心率变异性时，采用的指标为正常 RR 间期序列的统计指标值。

常用的时域指标有 SDNN、RMSSD，指标的计算公式及统计学意义如式（2-1）和（2-2）所示。

① SDNN（ms）：反映正常窦性心搏间期的离散程度，指此行车区间内所有正常 RR 间期的标准差。

$$SDNN = \sqrt{\frac{1}{N}\sum_{i=1}^{N}(RR_i - \overline{RR})^2} \quad (2\text{-}1)$$

② RMSSD（ms）：反映正常窦性心搏间期的快速变化情况，指此行车区间内相邻两个正常 RR 间期差值的均方根。

$$RMSSD = \sqrt{\frac{1}{N-1}\sum_{i=1}^{N-1}(RR_{i+1} - RR_i)^2} \quad (2\text{-}2)$$

其中，N 为该行车区间内总的 R 波个数，RR_i 为第 i 个正常 RR 间期值的大小，$\overline{RR}$ 为此区间内所有 RR 间期的平均值，RR_{i+1} 为第 $i+1$ 个正常 RR 间期值的大小。

（2）频域分析方法是指将心率变化的曲线转换到频域进行分析，即将随机变化的 RR 间期分解成具有不同能量的频率成分，能量随频率变化的基本信息可在频域分析方法中体现。功率谱的横坐标是频率（Hz），纵坐标是功率谱密度（s^2/Hz 或 ms^2/Hz）。定量分析各频带内的功率，单位是 s^2 或 ms^2。经典功率谱估计和现代功率谱估计共同组成 HRV 频域分析方法。依据频率范围的不同，正常 RR 间期序列的功率谱（power spectral density，PSD）可以划分为四个频段，其中，总功率谱（total power，TP）频率范围为 0 ~ 0.40 Hz；超低频段（ultra low frequency，ULF）频率小于 0.003 Hz；极低频段（very low frequency，VLF）频率介于 0.003 Hz 和 0.04 Hz 之间；低频段（low frequency，LF）频率介于 0.04 Hz 和 0.15 Hz 之间；高频段（high frequency，HF）频率介于 0.15 Hz 和 0.4 Hz 之间。此外，LF、HF 经标化处理后，可以直接且准确地反映交感神经和副交感神经调节的变化。LF、HF 的标准化处理公式如下：

$$LF_{norm} = \frac{LF}{TP-VLF} \times 100\% \qquad (2\text{-}3)$$

$$HF_{norm} = \frac{HF}{TP-VLF} \times 100\% \qquad (2\text{-}4)$$

VasoMedical CB 动态心电记录仪适用于短程频谱记录，其得到的 HRV 频谱由 LF、HF、VLF 组成，可将 LF、HF 的标准化处理公式变形为：

$$LF_{norm} = \frac{LF}{LF+HF} \times 100\% \qquad (2\text{-}5)$$

$$HF_{norm} = (1-LF_{norm}) \times 100\% \qquad (2\text{-}6)$$

综上所述，所选取的指标如表 2-4 所示。

表 2-4　试验指标选择

检测方法	分类	指标名称
眼动	—	瞳孔直径
心电	HRV 时域	SDNN
		RMSSD
	HRV 频域	LF
		LFnorm
		HF
		HFnorm
		LF/HF

2.3.2 指标数据处理

1. 心电指标

将动态心电记录仪记录的心电数据传入配套分析系统,可以直接得到上述所选心电指标随特长隧道驾驶时间的变化情况。选取驾驶员从进入隧道至驶出隧道过程中的数据,如图 2-20 所示,图中横坐标代表驾驶员在隧道内行驶的时间。由于告知驾驶员在行驶过程中保持匀速行驶,因此通过隧道的时间均近似为 10 min。

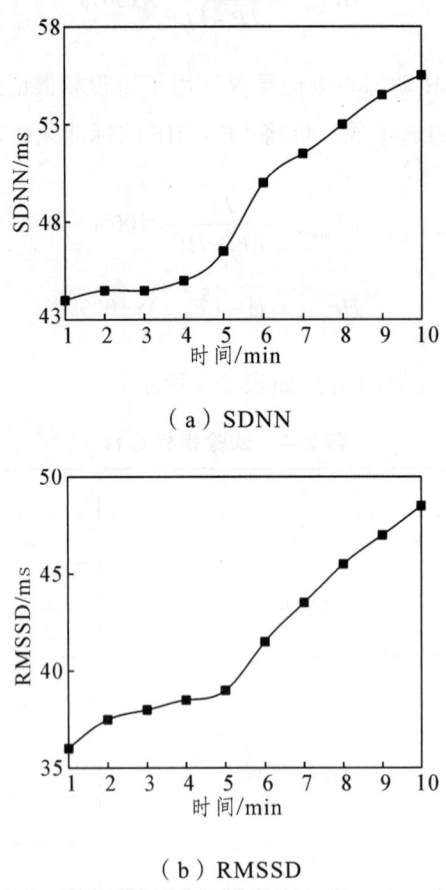

(a) SDNN

(b) RMSSD

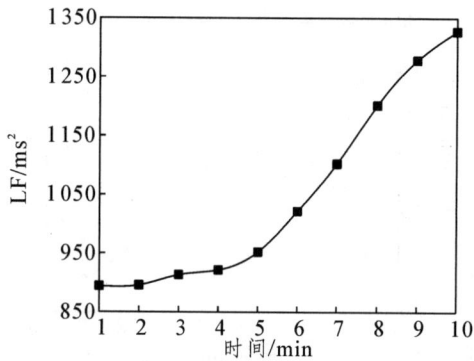

(c) LF

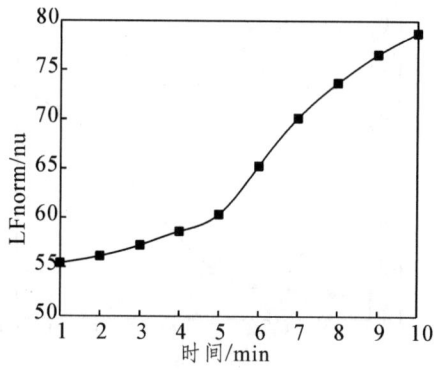

(d) LFnorm

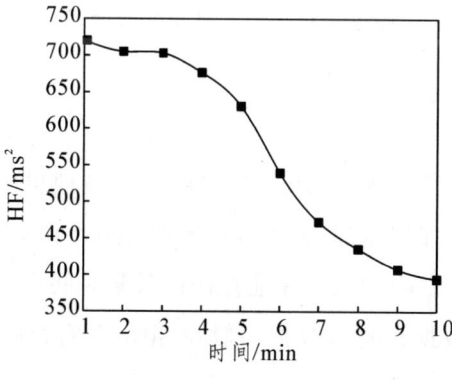

(e) HF

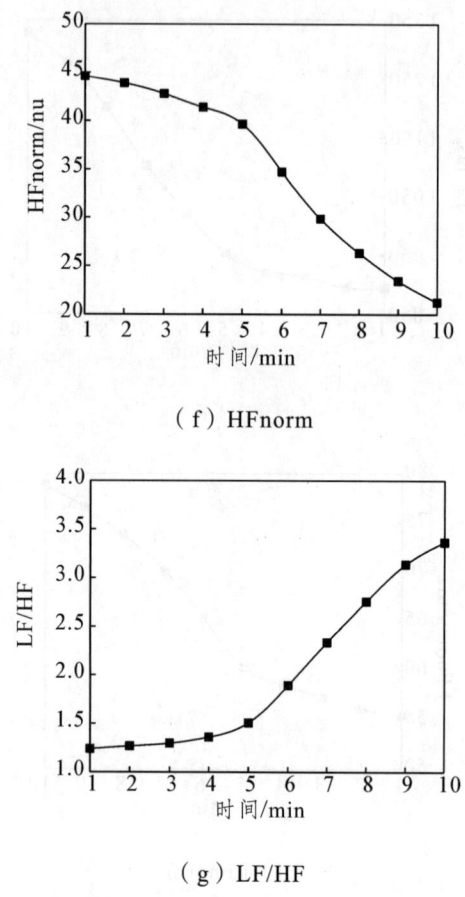

（f）HFnorm

（g）LF/HF

图 2-20 心电指标与特长隧道驾驶时间变化关系

2. 瞳孔直径

眼动仪的采样频率为 50 Hz。这意味着在最理想的情况下，眼动仪每秒会记录 50 次左眼和右眼瞳孔直径（即 100 个瞳孔直径值）。但由于受到眨眼等因素的影响，无法保证在任何采集时间点上都能采集到有效的双眼瞳孔直径数据，有效数据一般在 80% 左右，瞳孔直径如图 2-21 所示。

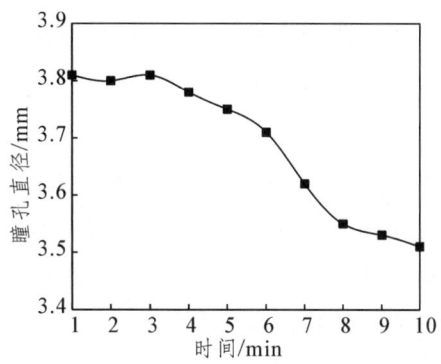

图 2-21 瞳孔直径与特长隧道驾驶时间变化关系

3. 指标有效性分析

基于上述所选指标对驾驶员在隧道内驾驶时采集的数据进行相关分析，以研究上述指标间的相关关系。在无明显异常值的情况下，存在具有线性关系的两个连续变量；这两个连续变量一般应满足双变量正态分布，以检验相关系数的统计学意义。一般地，双变量正态分布难以评估，但是双变量正态分布的特性是：若双变量正态分布存在，则每个连续变量必然符合正态分布。虽然每个连续变量符合正态分布未必能代表双变量正态分布存在，但能够在一定程度上保证双变量正态分布存在。因此，可以运用正态性检验来判断每个变量的正态性，结果如表 2-5 所示。

表 2-5 正态性检验

	正态性检验		
	统计量	df	Sig.
Time	.970	10	.892
SDNN	.872	10	.106
RMSSD	.920	10	.360
LF	.856	10	.068
LFnorm	.889	10	.164
HF	.863	10	.084
HFnorm	.889	10	.164
LF/HF	.852	10	.062
PupilDiameter	.849	10	.057

从结果可以看出，所选评价指标及时间变量均接近于正态分布。

经正态性检验后，计算相关系数，得到各指标之间的相关系数，如表 2-6 所示。

相关分析证明了所选指标对于评价驾驶员在特长公路隧道内驾驶时其心理和瞳孔直径变化的有效性，驾驶疲劳后的指标变化趋势与以往隧道外的驾驶疲劳指标变化趋势相似，因此，可以将其作为研究驾驶员在特长公路隧道内驾驶疲劳特征的有效指标。

4. 主成分分析

在实际问题研究中，为了全面分析问题，往往提出很多与此有关的变量（或因素），因为每个变量都在不同程度上反映了这个问题的某些信息。然而，变量太多，无疑会增加分析问题的难度与复杂性，而且在许多实际问题中，多个变量之间又具有一定的相关关系。因此，人们会很自然地想到能否在相关分析的基础上，用较少的新变量代替原来较多的旧变量，而且使这些较少的新变量尽可能多地保留原来变量所反映的信息。主成分分析就是把原来多个变量划为几个少数综合指标的一种统计分析方法。它通过正交变换将一组可能存在相关性的变量转换为一组线性不相关的变量，转换后的这组变量叫主成分。主成分分析的基本原理如下：

假定有 n 个样本，每个样本共有 p 个变量，构成一个 $n \times p$ 阶数据矩阵：

$$X = \begin{bmatrix} x_{11} & x_{12} & \cdots & x_{1p} \\ x_{21} & x_{22} & \cdots & x_{2p} \\ \vdots & \vdots & & \vdots \\ x_{n1} & x_{n2} & \cdots & x_{np} \end{bmatrix} \quad (2-7)$$

但是，当 p 较大时，在 p 维空间中考察问题比较麻烦。为了克服这一困难，就需要进行降维处理，即用较少的几个综合指标代替原来较多的变量指标，而且使这些较少的综合指标既能尽量多地反映原来较多变量指标所反映的信息，同时它们之间又是彼此独立的。

表 2-6 特长隧道内驾驶时间与各研究变量相关矩阵

		Time	SDNN	RMSSD	LF	LFnorm	HF	HFnorm	LF/HF	PupilDiameter
Time	相关性	1	.971**	.979**	.953**	.976**	-.973**	-.976**	.953**	-.959**
	显著性(双侧)		.000	.000	.000	.000	.000	.000	.000	.000
	N	10	10	10	10	10	10	10	10	10
SDNN	相关性	.971**	1	.989**	.980**	.995**	-.996**	-.995**	.984**	-.986**
	显著性(双侧)	.000		.000	.000	.000	.000	.000	.000	.000
	N	10	10	10	10	10	10	10	10	10
RMSSD	相关性	.979**	.989**	1	.990**	.996**	-.983**	-.996**	.991**	-.988**
	显著性(双侧)	.000	.000		.000	.000	.000	.000	.000	.000
	N	10	10	10	10	10	10	10	10	10
LF	相关性	.953**	.980**	.990**	1	.991**	-.968**	-.991**	.999**	-.989**
	显著性(双侧)	.000	.000	.000		.000	.000	.000	.000	.000
	N	10	10	10	10	10	10	10	10	10
LFnorm	相关性	.976**	.995**	.996**	.991**	1	-.992**	-1.000**	.993**	-.994**
	显著性(双侧)	.000	.000	.000	.000		.000	.000	.000	.000
	N	10	10	10	10	10	10	10	10	10
HF	相关性	-.973**	-.996**	-.983**	-.968**	-.992**	1	.992**	-.973**	.985**
	显著性(双侧)	.000	.000	.000	.000	.000		.000	.000	.000
	N	10	10	10	10	10	10	10	10	10
HFnorm	相关性	-.976**	-.995**	-.996**	-.991**	-1.000**	.992**	1	-.993**	.994**
	显著性(双侧)	.000	.000	.000	.000	.000	.000		.000	.000
	N	10	10	10	10	10	10	10	10	10
LF/HF	相关性	.953**	.984**	.991**	.999**	.993**	-.973**	-.993**	1	-.991**
	显著性(双侧)	.000	.000	.000	.000	.000	.000	.000		.000
	N	10	10	10	10	10	10	10	10	10
PupilDiameter	相关性	-.959**	-.986**	-.988**	-.989**	-.994**	.985**	.994**	-.991**	1
	显著性(双侧)	.000	.000	.000	.000	.000	.000	.000	.000	
	N	10	10	10	10	10	10	10	10	10

记 $x_1, x_2, \cdots, x_p$ 为原变量指标，$z_1, z_2, \cdots, z_m (m<p)$ 为新变量指标，则有

$$\begin{cases} z_1 = l_{11}x_1 + l_{12}x_2 + \cdots + l_{1p}x_p \\ z_2 = l_{21}x_1 + l_{22}x_2 + \cdots + l_{2p}x_p \\ \cdots\cdots\cdots\cdots \\ z_m = l_{m1}x_1 + l_{m2}x_2 + \cdots + l_{mp}x_p \end{cases}$$

$$l_{i1}^2 + \cdots + l_{ip}^2 = 1 \tag{2-8}$$

其中，z_i 与 z_j 互不相关，z_1 是 $x_1, x_2, \cdots, x_p$ 的一切线性组合中方差最大者，z_2 是与 z_1 不相关的 $x_1, x_2, \cdots, x_p$ 的所有线性组合中方差最大者……z_m 是与 $z_1, z_2, \cdots, z_{m-1}$ 都不相关的 $x_1, x_2, \cdots, x_p$ 的所有线性组合中方差最大者。因此，新变量指标 $z_1, z_2, \cdots, z_m (m<p)$ 分别称为原变量指标 $x_1, x_2, \cdots, x_p$ 的第1，第2……第 m 个主成分。

主成分分析的具体计算方法如下：

假定有 n 个样本，每个样本共有 p 个变量，构成一个 $n \times p$ 阶数据矩阵并标准化得：

$$\boldsymbol{X} = \begin{bmatrix} x_{11} & x_{12} & \cdots & x_{1p} \\ x_{21} & x_{22} & \cdots & x_{2p} \\ \vdots & \vdots & & \vdots \\ x_{n1} & x_{n2} & \cdots & x_{np} \end{bmatrix} \tag{2-9}$$

建立变量的相关系数矩阵：

$$\boldsymbol{R} = \begin{bmatrix} r_{11} & r_{12} & \cdots & r_{1p} \\ r_{21} & r_{22} & \cdots & r_{2p} \\ \vdots & \vdots & & \vdots \\ r_{p1} & r_{p2} & \cdots & r_{pp} \end{bmatrix} \tag{2-10}$$

其中，

$$r_{ij} = \frac{\sum_{k=1}^{n}(x_{ki} - \bar{x}_i)(x_{ij} - \bar{x}_j)}{\sqrt{\sum_{k=1}^{n}(x_{ki} - \bar{x}_i)^2 \sum_{k=1}^{n}(x_{ij} - \bar{x}_j)^2}} \tag{2-11}$$

记 $\boldsymbol{R} = (r_{ij})_{p \times p}$，求出 $\boldsymbol{R}$ 的特征根及相应的单位特征向量：

$$\boldsymbol{\alpha}_1 = \begin{bmatrix} a_{11} \\ a_{21} \\ \vdots \\ a_{p1} \end{bmatrix}, \ \boldsymbol{\alpha}_2 = \begin{bmatrix} a_{12} \\ a_{22} \\ \vdots \\ a_{p2} \end{bmatrix}, \ \cdots, \ \boldsymbol{\alpha}_p = \begin{bmatrix} a_{1p} \\ a_{2p} \\ \vdots \\ a_{pp} \end{bmatrix} \quad (2-12)$$

写出主成分：

$$F_i = a_{1i}X_1 + a_{2i}X_2 + \cdots + a_{pi}X_p, \ i = 1, \cdots, p \quad (2-13)$$

计算主成分贡献率及累计贡献率：

贡献率为：

$$\frac{\lambda_i}{\sum_{k=1}^{p} \lambda_k}, \ i = 1, 2, \cdots, p \quad (2-14)$$

累计贡献率为：

$$\frac{\sum_{k=1}^{i} \lambda_k}{\sum_{i=1}^{p} \lambda_k}, \ i = 1, 2, \cdots, p \quad (2-15)$$

一般取累计贡献率达 80% 以上的特征值 $\lambda_1, \lambda_2, \cdots, \lambda_m$ 所对应的第 1，第 2……第 m（$m \leq p$）个主成分进行分析。

对上述所选指标进行主成分分析，得到总方差解释。由于本研究中各指标的相关性较好，存在一个主成分，第一个主成分占比即达 99.115%。输出的碎石图如图 2-22 所示。本研究中，第二个主成分之后的数据趋于平缓，因此，可以提取第一个主成分。

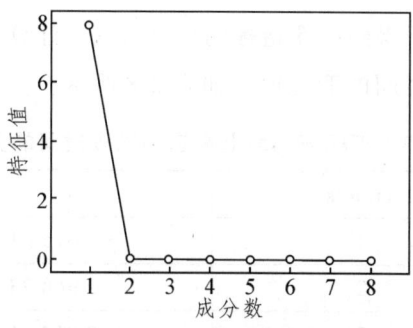

图 2-22 主成分分析碎石图

各因素的得分系数矩阵如表 2-7 所示。

表 2-7 主成分分析成分得分系数矩阵

	成　份
	1
SDNN	.126
RMSSD	.126
LF	.125
LFnorm	.126
HF	−.125
HFnorm	−.126
LF/HF	.125
PupilDiameter	−.126

提取方法：主成分。

通过得分系数矩阵和归一化处理，可以得到主成分分析的新指标 F，如式（2-16）。

$$F = 0.126 Z\text{SDNN} + 0.126 Z\text{RMSSD} + 0.125 Z\text{LF} + 0.126 Z\text{LFnorm} - 0.125 Z\text{HF} - 0.126 Z\text{HFnorm} + 0.125 Z\text{LF/HF} - 0.126 Z\text{PupilDiameter} \quad (2\text{-}16)$$

2.4　特长公路隧道驾驶员疲劳规律

根据主成分分析得到的新指标的计算公式，计算出指标 F 随驾驶员在特长隧道内驾驶时间的变化值，如表 2-8 所示。

表 2-8　指标 F 与特长隧道内驾驶时间的关系

Time/s	F
1	−1.075 61
2	−0.968 73
3	−0.914 11

续表

Time/s	F
4	−0.774 78
5	−0.550 78
6	−0.005 1
7	0.514 8 81
8	0.959 4 97
9	1.288 6 36
10	1.526 0 77

将上述关系绘制在散点图 2-23 中，由此图可以看出，指标 F 与特长隧道内驾驶时间两者近似满足如下关系：

$$F = \frac{Y}{1 + be^{-at}} + c \tag{2-17}$$

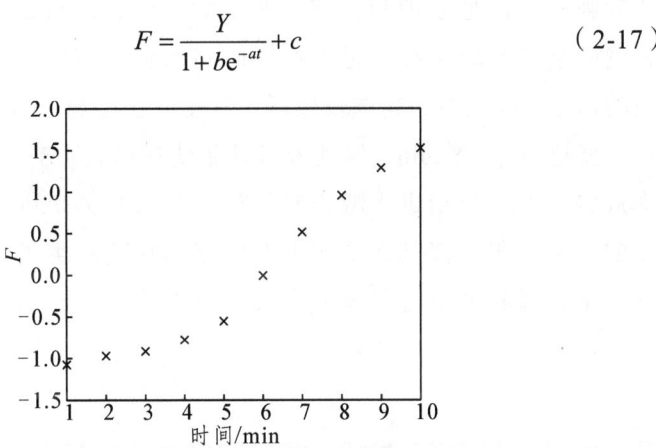

图 2-23　指标 F 与特长隧道驾驶时间散点图

通对参数进行回归拟合，得到驾驶员在特长公路隧道内的疲劳评价指标与隧道内的驾驶时间之间的关系图 2-24。

由图 2-24 可以看出，驾驶员在特长隧道内驾驶疲劳的产生不是突变的，而是一个逐渐累积的过程；这一累积过程在不同时间段内有不同的速率，呈现出缓慢上升到迅速上升再到近似缓慢上升的特点。

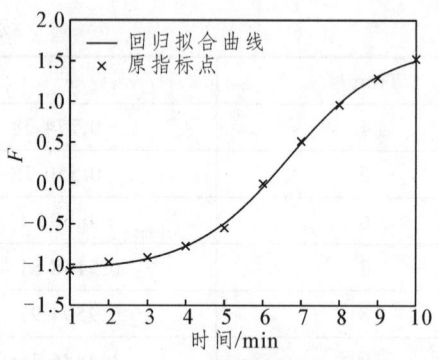

图 2-24　原指标 F 点与回归拟合曲线

驾驶员从洞外驶入隧道时,隧道内部昏暗封闭以及单调的景观,缺乏对驾驶员来说较为有效的外部刺激,使驾驶员渐渐产生驾驶疲劳感。这种疲劳感不同于一般意义上缺乏睡眠或者长时间连续驾驶而产生困倦和瞌睡,而是心理和生理上产生的一种放松和缺乏警觉的状态。这种驾驶疲劳感随着在隧道内行驶时间的延长而逐渐累积,在刚进入隧道的前 5 min 左右,其增长较缓,驾驶员在主观上也往往难以察觉;当进入隧道后 6~8 min,驾驶疲劳开始快速增长;8~10 min 后,增长速率放缓,变得与刚进入隧道时类似。对驾驶员来讲,前一阶段驾驶疲劳的迅速累积,使其在主观上对隧道内环境产生了疲劳感。为保证驾驶安全,驾驶员通过积极的自我调节来控制自己的疲劳感,以减缓疲劳增加的速率。

2.5　小　结

首先,通过对隧道内环境以及隧道内交通事故的特征和规律等进行分析和调研统计,分析特长公路隧道驾驶疲劳致因;其次,通过特长公路隧道驾驶员疲劳规律现场试验,得到驾驶员的心电与眼动特征;最后,通过分析驾驶员在特长隧道内的驾驶疲劳规律,得到如下结论:

（1）由于公路隧道具有环境相对昏暗、能见度较低等特点，驾驶员的视野在进入隧道后被控制在一个狭长的范围内，视野的连贯性遭到阻隔，加上隧道内缺乏有效的参照系统，参照信息量较少，致使驾驶员的速度感、距离感和时间感相对于其他路段明显降低，在这种情况下，驾驶员很容易因为缺乏有效刺激而产生被动的驾驶疲劳。

（2）驾驶员在特长隧道内驾驶，所选的疲劳评价指标：心电指标 SDNN、RMSSD、LF、LFnorm、LF/HF 随隧道内驾驶时间呈上升趋势，而心电指标 HF、HFnorm 呈下降趋势，瞳孔直径呈下降趋势。本研究通过正态性检验和相关分析，验证了指标的有效性。

（3）通过主成分分析，提取出降维后的疲劳评价指标，发现驾驶员在特长隧道内驾驶疲劳的产生不是突变的，而是一个逐渐累积的过程；这一累积过程呈现出缓慢上升到迅速上升再到近似缓慢上升的特点。

第3章 特长隧道疲劳缓解灯光带设计标准及方法

在驾驶员驾驶车辆通过特长公路隧道的过程中，洞内没有自然光线，单一的隧道灯具照明单调而重复，驾驶员若长时间在如此封闭单调的空间里，容易产生疲倦、烦躁或恐惧等不良情绪，致使其注意力不集中，存在着较大的安全隐患。缓解驾驶员的枯燥感和疲劳感，提高隧道内行车的舒适性及安全性是特长公路隧道设计时必须考虑的重点问题之一。

关于特长公路隧道驾驶员的驾驶疲劳问题，许多学者提出了不同的缓解方法，比如通过声波唤醒或者振荡标线来缓解等，如图3-1所示。考虑到隧道内的驾驶疲劳问题从根本上来说，是由隧道内的环境昏暗且单调造成的，也就是说，对驾驶员来说缺乏类似洞外环境的有效刺激，因此，不同于上述缓解方法，在隧道内设置疲劳缓解灯光带是一种与疲劳致因相对应的缓解方案，即通过在隧道内部增设景观，改变照明环境来缓解环境昏暗单调带来的驾驶疲劳。

（a）声波唤醒

(b）振荡标线

图 3-1　公路隧道常见疲劳唤醒方式

目前，对于隧道内的疲劳缓解灯光带，尚无统一的名称或定义，称之为疲劳缓解带又无法体现它是通过改变照明环境来缓解的这一方式，为此，考虑到灯光带的性质和作用，这里将其称为疲劳缓解灯光带或特殊灯光带。综合考虑疲劳缓解灯光带的特点，将疲劳缓解灯光带定义为：在公路隧道照明中间段设置，但与中间段视觉场景不同，具有缓解在单调隧道环境下因长时间驾驶造成的驾驶疲劳效果的特殊灯光带。

在特长隧道的适当位置科学地设置疲劳缓解灯光带，通过安装景观照明灯具和布置景观饰物，形成丰富的视觉场景效果，能够使驾驶员的视觉和情绪获得短暂的调整，增加行车的安全性和舒适性。

3.1　疲劳缓解灯光带的位置和间距

疲劳缓解灯光带的首要作用是缓解因在隧道这种单调环境下驾驶而引发的驾驶疲劳。因此，疲劳缓解灯光带的位置设置应与驾驶员在隧道内的驾驶疲劳规律相对应。

第 2 章中，通过隧道内的实车实验得到了隧道内实体环境对驾驶员驾驶疲劳的影响特征，得到了疲劳评价指标 F 与驾驶员在隧道内驾驶时间的定量关系式。由于隧道内的驾驶疲劳是一个累积而非突变的过程，因此需要确定一个疲劳较快累积的阈值点。由评价指标与驾驶时间的关系式可以发现，虽然指标表现出积累的特征，但不同时刻的累积速率并不相同，呈现出慢-快-慢的特征。也就是说，由于隧道内的环境相对于隧道外是不舒适且容易疲劳的，驾驶员进入隧道后，指标便开始呈上升趋势，但由于驶入隧道的时间尚不长，增长速率较慢；当驾驶员行驶至隧道中部时，由于已经在隧道中行驶了较长时间，驾驶员受隧道环境影响的效果开始显现，疲劳指标迅速上升；而在隧道末端，由于前一阶段疲劳的迅速累积，驾驶员在主观上察觉到不适并开始进行积极的自我调整，再加上驶至出口处时洞外自然光对驾驶员觉醒的影响，致使指标上升速率又减缓，直至驶出隧道。

为了找出指标增长速率开始变快的点，需要对初始几分钟的数据依次进行线性拟合，通过线性拟合度来判断拟合效果，进而判断出增长速率变快的时刻。拟合度结果如表 3-1 所示。

表 3-1 线性拟合拟合度

时间/min	R^2
1～3	0.972
1～4	0.948
1～5	0.786
1～6	0.422
1～7	0.224

由表 3-1 可知，1～4 min 时间段内的线性拟合度较高，说明 1～4 min 内指标基本呈线性增长，而到 5 min，线性拟合度下降，指标开始呈超线性增长。也就是说，在 4～5 min 这一时间段内，驾驶员的疲劳指标开始快速增长，考虑到驾驶安全性，应在 4 min 处进行疲劳缓解灯光带的设置。对于通过时间小于 4 min 的隧道，可以不进行疲劳缓解灯光带的设置。

驾驶员在隧道内 4 min 行驶的距离与隧道内的行车速度有关，考虑到最不利的情形，应按照隧道的最低限速确定疲劳缓解灯光带的位置。最低限速不同的公路隧道，疲劳缓解灯光带的设置位置也应不同，如表3-2所示。

表 3-2　疲劳缓解灯光带位置设计

最低限速/km/h	50	60	70	80	90	100
疲劳缓解灯光带位置/km	3.3	4	4.7	5.3	6	6.7

表 3-2 中的疲劳缓解灯光带的位置指的是从隧道入口开始计算的最大距离。在满足经济性等的前提下，可以考虑适当加密疲劳缓解灯光带的设置。

对于长度较长的隧道，可能需要设置多条疲劳缓解灯光带，灯光带之间的最大间距同样可以参考表 3-2 中的距离。

对于双向交通隧道，应在满足表 3-2 的基础上对称布置疲劳缓解灯光带。

3.2　疲劳缓解灯光带的长度

通过对设置了疲劳缓解灯光带的洛达尔隧道和秦岭终南山隧道等的分析不难看出，疲劳缓解灯光带的设置实现了将一个超特长隧道划分成几个较短隧道的功能，这样可使驾驶员感觉到是在一系列较短的隧道中穿行。这种改变解决了驾驶员在单调环境下长时间驾驶的问题，有效地缓解了隧道内长距离驾驶带来的疲劳感。但当驾驶员通过灯光带时，需要经历从暗到明，再由明到暗的交替变化，这与通过毗邻隧道时进出隧道一样，也面临着暗明视觉适应的问题。人眼对于环境十分敏感，当外界光照环境发生变化时，人眼需要一定的时间来适应光环境的变化。从交通安全因素考虑，驾驶员从隧道中间段照明处进入疲劳缓解灯光带时，驾驶环境亮度发生了变化，这可能影响驾驶员对于远处路面或交通信息的认知。

关于毗邻隧道间距值的研究建议，驾驶员从上游隧道出口驶出，应能看到下游隧道进口的障碍物，按此考虑应保持一个停车视距的距离。根据《公路路线设计规范》（JTG D20—2017）高速公路、一级公路停车视距取值如表3-3所示。

表3-3 高速公路、一级公路停车视距

设计速度/km/h	120	100	80	60
停车视距/m	210	160	110	75

由于驾驶员通过疲劳缓解灯光带与通过连续隧道具有类似的特征，疲劳缓解灯光带的长度也应至少满足驾驶员一个视距的要求，因此，灯光带的长度应不小于表3-4中的要求。

表3-4 疲劳缓解灯光带长度设计

最高限速/km/h	120	100	80	60
疲劳缓解灯光带长度/m	210	160	110	75

3.3 疲劳缓解灯光带的亮度和形式

缓解驾驶员的枯燥感和疲劳感，提高隧道内行车的舒适性及安全性是特长公路隧道设计时必须考虑的重点问题之一。疲劳缓解灯光带的形式设计应通过安装景观照明灯具和布置景观饰物，形成丰富的视觉场景效果，使驾驶员眼前一亮，以有效地减少驾驶员的烦躁、困倦等不良情绪，缓解疲劳，使驾驶员的视觉和情绪获得短暂的调整，增加行车的安全性和舒适性。

3.3.1 现有实例分析

秦岭终南山特长隧道是我国第一座安装疲劳缓解灯光带的特长隧

道，其拱顶采用"蓝天白云"灯光设计方案，在两旁布设人工仿真植物，隧道衬砌内轮廓采用变截面，使蓝天白云图案在动态的视角下显得更加生动形象。按照事先的计算，根据洞室宽度，在桥架上方设置灯架，安装两排不同功率蓝色投光灯向洞顶投射，照度为 50～70 lx。将洞顶整体均匀地照成蓝色，形成蓝天的设计环境；再用图案投影灯将预先制作的白云图像投射到侧上方的洞壁上，强化天空的效果，照度达到 400～500 lx，这样"蓝天白云"效果就呈现在了隧道上部，给驾驶员以穿越时空的感觉；此外，公路两侧还设置石景、仿真植物等景观，并适当给以合理的照明，这样可以在特殊灯光带的特殊照明效果基础上使效果更加立体生动。为了使视觉效果更加逼真，疲劳缓解灯光带段通过加大洞内净空和净宽，营造出类似于"洞内苍穹"的视觉效果，再采用大断面的锚喷结构，使洞顶成为纵向穹顶状，净空和净宽呈渐变式增加。可见，秦岭终南山隧道疲劳缓解灯光带段工程非常复杂，投资巨大。

宝塔山特长隧道疲劳缓解灯光带的设计基本参照了秦岭终南山特长隧道的设计方案，主要是在此段内通过在拱顶进行手工绘制"蓝天白云"或"红霞满天"等场景图，再运用显色指数较好的灯光对图案投光，以达到将长隧道变为短隧道的目的，给司机一种已经驶离或者很快就会驶离隧洞的感觉，减少司机单调、紧张、烦躁、恐惧等不良情绪，最终实现安全行车的目的。此段内的灯具设计为带有不同配色的 90 W LED 灯具，要求既要达到设计亮度，还要使色调温和不至于苍白，配色比例在施工中进行反复试验，以达到最佳效果。另外，LED 灯具的显著节电效果和长寿命等优点，给后期运营节省了很多费用。

麦积山隧道同样参考了秦岭终南山特长公路隧道的设计方案，选用"蓝天白云"景观照明方案。为达到广袤天空的视觉效果，大坪里特长隧道拱部及墙面采用浅色耐水性防火涂料，在洞壁两侧安装蓝色投光灯向洞顶投射，将洞顶整体照亮，形成蓝天的基本色调，再用图案灯将预先制作的白云等图像投射到侧上方的洞壁上，形成广袤天空下"蓝天白云"的效果。此外，在公路两侧的空间合理设置石景、仿真植物等景观，用小功率的 LED 投光灯照明，在照明灯具的照射下景观效果更加生动活泼，为驾驶员提供了良好的方向指示。为使洞内环境美观，景观照明与基本照明灯具的安装高度应保持一致。基本照明灯具采用截光型高隧道衬砌内轮廓形式，且与紧急停车带相同，跨度由 10.25 m 拓宽至 13 m。

宝鼎 2 号隧道疲劳缓解灯光带采用"蓝天白云"方案，在隧道两侧安装蓝色投光灯，把隧道拱顶投影成天空蓝的底色，再用图案灯光把白云图案投射到隧道顶部，形成蓝天白云的效果；隧道两侧空间合理布置石景及仿真植物，用小功率彩色 LED 灯光进行照射，使景观带的视觉效果更加生动活泼。

3.3.2 疲劳缓解灯光带的亮度

公路隧道疲劳缓解灯光带的设置，实现了将一个超特长隧道划分成几个较短隧道的功能。这种改变解决了驾驶员在单调环境下长时间驾驶的问题，但当驾驶员通过灯光带时，需要经历由暗到明，再由明到暗的交替变化，这同通过隧道群时进出隧道一样，同样面临着明暗视觉适应的问题。人眼对于环境十分敏感，当外界光照环境发生变化时，人眼需要一定的时间来适应光环境的变化。人的视觉系统能适应低至 0.1 lx 背景照度下的视场，也能适应大于 100 000 lx 背景照度下的视场，但在同一时间段内，人眼能够适应的亮度范围是有限的。当外界光照环境变化时，人眼需要一定的时间来适应光环境的变化，这一时间称为视力恢复时间。如果外界光照环境变化过于剧烈，人眼则需要较长的时间适应，且在恢复期间可能会出现暂时的视觉功能降低，甚至暂时的视觉丧失，无接收信息的能力，严重危害驾驶安全。视觉适应是指人眼对外界环境亮度的持续变化而产生的感受性变化过程。当外界亮度发生变化时，人眼的瞳孔面积大小、视网膜上的感光细胞将发生变化。视网膜上的感光细胞主要为视杆细胞和视锥细胞，人眼的明暗适应主要依靠这两种细胞来进行控制调节,进而适应外界光环境的变化。视觉适应主要分为明适应和暗适应,人眼适应外部亮度由暗淡变化为明亮的过程称为明适应过程。在由暗淡环境变化为高亮度环境初期,人眼只会感受到光亮,看不清前方事物,但几秒钟之后视觉会逐渐适应。

在驾驶员驾驶车辆通过隧道时,由于隧道的两侧和顶部是封闭的,构造较为特殊,驾驶员会产生特有的明适应和暗适应问题。在晴朗的白天,若隧道的照明设计不合理,驾驶员进入隧道时会产生明显的视觉问题:进入长隧道时,在隧道入口的外部,白天自然光的照度可达 100 000 lx,而隧道洞口处除了有几十 lx 的自然光照度外,洞内几乎是一片漆黑;由于洞外太亮,洞内照明不足,当汽车接近隧道入口时,洞内外亮度差别极大,这时,如果驾驶员看不到隧道出口的长隧道,在洞口处就会产生黑洞穴一样的感觉,即图 3-2(a)所示的"黑洞效应",而驾驶员需要经过一定时间才能够看清楚隧道内部的情况。同样地,由于已经逐渐适应了隧道内部黑暗的环境,驾驶员在驶出隧道时又要面对洞外高亮度的环境;由于差异极大,在隧道出口会产生一个很亮的洞口,形成强烈的眩光,降低驾驶员的舒适度和可见度,危害驾驶安全,即图 3-2(b)所示的"白洞效应"。

(a)黑洞效应

(b)白洞效应

图 3-2　黑洞效应和白洞效应

同样,由于疲劳缓解灯光带在隧道内采取的是增强亮度的方式,在驾驶员穿越灯光带时同样要经历明暗变化。因此,为避免驾驶员通过疲劳缓解灯光带时因剧烈的光照环境变化而引起不适,需要对疲劳缓解灯光带的亮度做出一定的要求。

考虑到驾驶员在驶入和驶出隧道时的视觉适应问题,《公路隧道照明设计细则》(JTGT D70 2-01—2014)提出将隧道照明分区端设置,以满足驾驶员视觉从低亮度向高亮度,或从高亮度向低亮度变化的适应需求,如图 3-3 所示。驾驶员驶入疲劳缓解灯光带时是一个明适应的过程,这与驾驶员驶出隧道的过程相同。根据《公路隧道照明设计细则》,出口段的照明宜划分为 ex1 和 ex2 两个照明段,每段长度宜取 30 m,与之对应的亮度 L_{ex1}、L_{ex2} 按下式计算:

$$L_{ex1} = 3L_{in} \qquad (3\text{-}1)$$

$$L_{ex2} = 5L_{in} \qquad (3\text{-}2)$$

其中,L_{in} 为隧道中间段亮度。

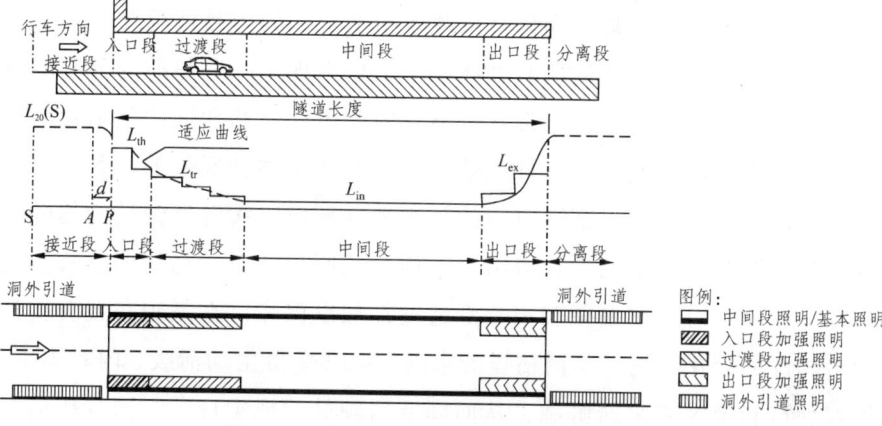

图 3-3 单向交通隧道照明系统分段图

《公路隧道照明设计细则》做出的规定是基于《隧道与地下通道照明指南》(CIE 88—2004)推荐的白天隧道出口段的亮度线性增加原则,即在隧道出口前的 20 m 范围内,隧道内的亮度由中间段亮度变化到 5 倍中间段的亮度。因此,借鉴《隧道与地下通道照明指南》的设计原则,为保证亮度变化符合驾驶员的明适应规律,防止驾驶员因亮度的剧烈变化产生不适,保障驾驶安全,疲劳缓解灯光带段的亮度最大不应超过 5 倍的中间段亮度,即:

$$L_1 = 5L_{in} \tag{3-3}$$

其中,L_1 为疲劳缓解灯光带段的亮度。

3.3.3 疲劳缓解灯光带的形式

随着人们对艺术的审美要求越来越高,道路与艺术的结合也被广泛关注。鉴于公路隧道的特殊性,以及各种各样的限制和使用安全性方面的考虑,以往在公路隧道修建时都以功能性为主,而很少有"设计"的成分在内。公路隧道内部环境的特殊之处体现在常年没有阳光的照射,这样一来,很多植被无法使用在景观布置上,而隧道内又需要一定的人工光源,且主要以连续规则的灯光布置和使用为主,这就造成所在公路隧道内的景物过于单调无变化，景观效果贫乏，很容易使驾驶员产生疲劳感。目前，在兼顾观赏性的大环境下，也出现了一些超前的公路隧道巧观设计，而疲劳缓解灯光带就是隧道内部设计性和功能性相结合的最好体现。公路隧道疲劳缓解灯光带就是为驾驶员驾驶服务的，其目的是在一定程度上改善和丰富隧道内的行车视觉环境，缓解驾驶员的驾驶疲劳。疲劳缓解灯光带的设计应结合人体视觉原理和对运动物体感官体验的相关知识，对行车安全和视觉舒适度都加以保障。在景观布置时要注意多样性的变化，跳出单调枯燥的束缚，使其变得生动活泼、内容丰富，给驾驶员和乘客带来新鲜感，从而降低驾驶员的视觉疲劳，减少机动车行驶的安全隐患。

在疲劳缓解灯光带段，既可以采取加宽断面的形式，也可以保持不变，应根据此处的地质条件和工程造价具体分析，综合考虑，来确定疲劳缓解灯光带处的断面形式。

疲劳缓解灯光带既可以将图案灯直接投射至隧道壁面上，也可以采用喷涂墙面加传统投光灯的形式。灯光带的照明宜选用与中间段照明在色调与色温上显著不同，但节能效果好的光源与灯具，景观照明方案应根据隧道所处的不同运行环境特点选取。公路隧道景观色彩在隧道内给驾驶员带来的视觉及心理体验是最直接的，其壁面应当使用一些单纯的、明亮度不高的，并且反光度相对较低的色彩，这样处理是为了防止给驾驶员造成视觉冲击和突兀感，配色最好控制在三种颜色以内。此外，从安全性和缓解效果的角度考虑，灯光带段应尽量选取富含短波的、颜色偏冷的光源。

除了照明灯光外，疲劳缓解灯光带段同样可以设置人工仿真植物。人造植物景观不需要后期园艺的维护，而且没有季节性的改变，可以变换造型，以便更好地配合景观设计方案。形式多变且丰富的植物景观配合多样的灯光造型，不仅可以给道路使用者减轻行车疲劳感，而且还能给人带来视觉感官上的愉悦，从而让机动车驾驶员集中精力，达到行车安全的目的。

需要注意的是，疲劳缓解灯光带的设计在改善行车环境、缓解驾驶疲劳的基础上不能引入新的危险因素。应避免采用动感过强、闪烁频率较高的景观设计，更不应该加入过于刺激而且炫目的光源。此外，形成的景观色彩不宜太过艳丽，在造型上亦不可夸张复杂，以免驾驶员长时间地观察和注视，将精力分散到驾驶行为之外的事物上，影响驾驶安全。

此外，对疲劳缓解灯光带的设计方案要进行综合分析，即要综合考虑照明效果、维护程度和成本因素。设计麦积山隧道的疲劳缓解灯光带时就提出了如下三种设计方案：

（1）投光灯加图案灯方案。采用投光灯加图案灯的组合，在隧道两侧安装蓝天投光灯向洞顶投射，将洞顶整体照亮，形成蓝天的基本色调；再用图案灯将预先制作的白云等图像投射到侧上方的洞壁上，形成"蓝天白云"效果。在公路两侧的空间合理设置石景、仿真植物等景观，这样可以在特殊照明效果的基础上使景观效果更加生动活泼。但缺点是用电量大，费用较高。

（2）现代型方案。在整个洞室顶部安装LED灯管方阵，在系统的控制下，LED方阵就像一个空中屏幕，可以显示预先设计的任何图案。这个方案可以实现最佳的效果，完全摆脱了照明方式的束缚，灯具的寿命最长（50 000 h）。但存在造价高，用电量较大（200 kW）的问题。

（3）经济型方案。先用混凝土油漆将洞室粉刷成需要的图案，再用投光灯均匀投射照明。这样，工程造价比较便宜，灯具投资十分有限，使用功率也较少。存在的缺点是图案单调无变化，景观效果受制于图案质量，日后对图案的维护具有很大的不确定性，一旦图案质量出现问题，很难修复。

对这三种方案的照明效果、安装方式、维护性能和投资概算进行了比较，三种方式的对比如表3-5所示。

表 3-5　设计方案比较

方案	灯具	照明效果	安装方式	维护性能	投资概算/万元
投光灯加图案灯方案	投光灯+图案灯+LED灯	色彩鲜明,有整体动态效果,图案可更改	两侧布灯	光源寿命长,灯具数量少,对介质依赖性低	255.52
现代型	LED灯管布阵	色彩鲜明,图案逼真,图案可任意更改	洞顶布灯	光源寿命超长,灯具数量多,不依赖介质	720.0
经济型	喷涂墙面+传统投光灯	色彩固定,固定效果,图案不能更改	两侧布灯	光源寿命长,灯具数量少,对介质依赖性高	50.0

综上所述,疲劳缓解灯光带的形式设计应符合以下原则:

(1)通过对隧道内景观饰物、照明灯具、景观灯具等元素进行全方位合理的设置,构成景观灯光带,形成简洁得体的综合视觉景观效果。通过研制和选用特殊灯具使得所形成的人造景观具有与大自然景观相接近的动感效果,从而改善单调的照明效果,缓解驾驶员的视觉疲劳。

(2)具体的设计形式应结合工程实际和隧道所处的地质条件,结合地域文化特色,以安全性为前提,兼顾经济性和环保原则。

(3)疲劳缓解灯光带的设置不能影响正常的隧道使用,不能减低原有隧道照明的技术指标,要避免眩光以及过度吸引驾驶员的注意力,从而降低隧道内行车的安全性,造成新的安全隐患。

(4)应通过使用先进高效的照明灯具和照明控制系统,最大限度地降低照明系统的耗电量,减少项目的运营成本。

3.4　杨林特长隧道疲劳缓解灯光带设计

杨林特长隧道采用分离式隧道布设,右幅长 9 410 m,左幅长 9 462 m,隧道路段限速 80~100 km/h。

根据上述设计方法，杨林特长隧道疲劳缓解灯光带的位置和间距按照最低限速设计，根据表3-2，80 km/h应对应长度5.3 km，即隧道入口距疲劳缓解灯光带的距离以及灯光带之间的间距不宜超过5.3 km。杨林特长隧道疲劳缓解灯光带的长度按照最高限速设计，根据表3-4，100 km/h应对应长度160 m。因此，杨林特长隧道可将灯光带放置在隧道中部，以左幅为例，如图3-4所示。

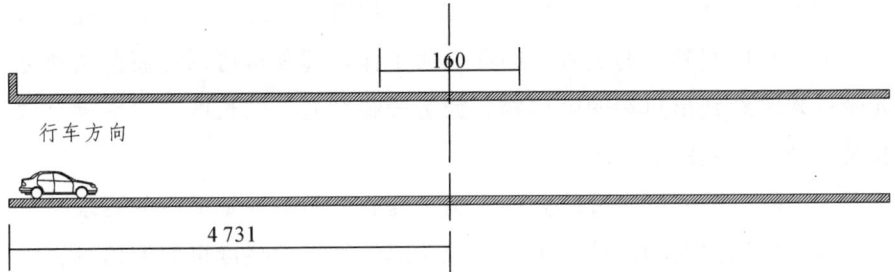

图3-4　杨林特长隧道左幅疲劳缓解灯光带设计方案一（单位：m）

考虑到杨林特长隧道长度虽未达到两倍的最大间距，但其长度较长，已接近两倍最大间距，所以，在满足经济性原则的基础上，同样可以在隧道内部按照等间距原则设置两处疲劳缓解灯光带，如图3-5所示。

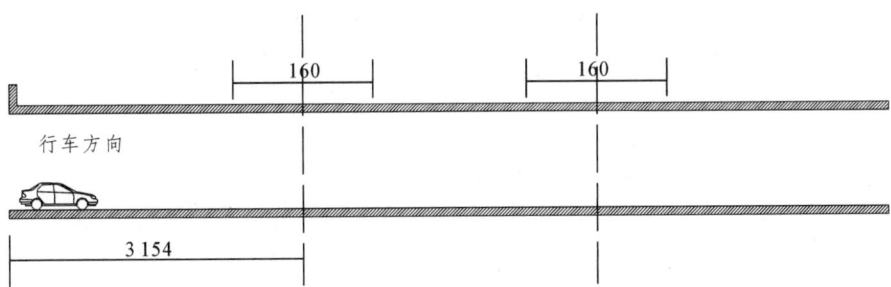

图3-5　杨林特长隧道左幅疲劳缓解灯光带设计方案二（单位：m）

3.5　小　结

基于第2章隧道内实体环境对驾驶员疲劳影响特征以及驾驶员驾驶

疲劳规律的研究，本章从疲劳缓解灯光带的位置、长度以及亮度和形式几个方面提出疲劳缓解灯光带的设计方法。

（1）疲劳缓解灯光带的位置设置与驾驶员在隧道内的驾驶疲劳规律相对应，即应在以隧道最低限速行驶 4 min 的位置处进行疲劳缓解灯带的布设。对于需要设置多条疲劳缓解灯光带的隧道，灯光带的最大间距同样按最低限速行驶 4 min 的距离。

（2）驾驶员穿过疲劳缓解灯光带与穿过毗邻隧道一样，需要经历由暗到明，再由明到暗的过程。因此，为了保证驾驶员可以在疲劳缓解灯光带进入端看到出口端的障碍物，疲劳缓解灯光带的长度至少应满足驾驶员一个停车视距的要求。

（3）疲劳缓解灯光带的亮度应满足驾驶员明暗视觉适应的要求。参考隧道出口段照明的设计依据，疲劳缓解灯光带的亮度可取五倍隧道中间段亮度。

（4）疲劳缓解灯光带的形式设计应根据工程实际具体分析，颜色应控制在三种以内，应选择富含短波的光源，避免动感过强、夸张复杂的形式，应以安全性为前提，兼顾经济性和环保原则。

第 4 章　特长隧道疲劳缓解灯光带评价方法

明确隧道疲劳缓解灯光带的设计问题之后，对现有疲劳缓解灯光带的效果进行评价也是重要任务之一。本章依托杨林特长隧道，对穿越带有疲劳缓解灯光带的隧道的驾驶员的生理和眼动特征进行现场实测，以便对疲劳缓解灯光带对缓解驾驶员的驾驶疲劳效果以及保障驾驶安全性方面进行研究。

4.1　特长公路隧道疲劳缓解灯光带效果评价现场测试

为了获得设有疲劳缓解灯光带的特长公路隧道内的驾驶员生理和眼动特征，并与关闭疲劳缓解灯光带时的情况进行对比，进而评价疲劳缓解灯光带的缓解效果，本章通过设计现场测试，依托工程杨林特长隧道进行实地行车试验。

杨林特长隧道的中间位置处设置有一条长 150 m 的疲劳缓解灯光带，形式采用喷涂墙面加投光灯的形式，如图 4-1 所示。

图 4-1　杨林特长隧道疲劳缓解灯光带

4.1.1 评价方法确定

在第 2 章隧道内实体环境对驾驶员疲劳规律的研究中,选取了心电与眼动方法来评价驾驶员通过特长公路隧道的疲劳特征。现场的实际操作表明,上述两种方法具有较好的现场可操作性,后续的数据处理与分析也验证了这两种方法的有效性。对于本章的疲劳缓解灯光带缓解效果现场测试,同样选取心电与眼动方法来评价驾驶员通过隧道内疲劳缓解灯光带的缓解效果。

4.1.2 试验设备及处理软件

现场测试所采用的设备如表 4-1 所示。

表 4-1 疲劳缓解灯光带评价方法测试所用仪器与设备

序号	设备名称	型号	数量
1	5 座汽车	TOYOTA PRADO	1 辆
2	眼动仪	Tobii Pro Glasses 2	1 套
3	动态心电记录仪	VasoMedical CB	1 套
4	笔记本电脑	DELL Inspiron 15	1 台

心电与眼动指标的导出与预处理仍使用与 Tobii Pro Glasses 2 眼动仪以及 VasoMedical CB 动态心电记录仪相配套的 Tobii Pro Glasses Controller 眼动仪控制软件、Tobii Pro Glasses Analyzer 眼动数据分析软件以及 CB 系列心电回顾分析系统 Pro 版软件。

4.1.3 试验方案及实施步骤

试验选在晴好、无降水及雾的天气状况下进行。

试验地点选取为昆明绕城高速公路东南段杨林隧道,具体为隧道进口洞外 500 m 至隧道出口洞外 500 m 之间的路段。试验时隧道处于正式通车前夕，建造及设备安装设施已经完成，隧道内部有施工工程车辆，无其他社会车辆。隧道路段限速 80~100 km/h。

试验受试驾驶员驾龄五年以上，持有 C2 驾驶证，驾驶技术娴熟，且有良好的驾驶习惯，身心健康状况良好，无生理缺陷和疾病，无重、特大事故经历。此外，考虑到眼镜式眼动仪的佩戴问题，驾驶员可以做到裸眼驾驶。要求被测试者在被试前三天内不能服用对驾驶有影响的药物，试验前一天禁止饮酒并保证充足睡眠。

试验注意事项如下：试验前校准试验设备，各种应急设备准备齐全，如电池、笔记本电脑电源等，以保证试验过程中仪器正常工作。主试预先告知驾驶员行驶线路。为减少外界因素对驾驶员生理和心理的影响，行车试验中，受试驾驶员按照自己的习惯控制车辆运行，要求车内其他人员保持安静。

主试告知试验时采集受试者的动态心电信息，需要在试验前将电极片粘贴到驾驶员胸前，因此，受试者在试验前被告知并同意进行动态心电数据采集。

试验流程如图 4-2 所示，具体试验步骤如下：

（1）机电负责人员打开隧道内疲劳缓解灯光带。

（2）受试者坐在驾驶座上，调整好座椅，为受试者粘贴电极片。粘贴电极片前应用医用酒精喷雾仔细清理粘贴区的皮肤，连接导线，开启心电记录仪器。

（3）为受试者佩戴眼动仪，安装鼻托，连接电脑并校准，告知受试者佩戴期间避免触碰眼动仪，避免眼动仪和头部有相对移动。

（4）在受试者适应仪器之后，让受试者静坐于驾驶室，以获取驾驶员基本生理参数。

（5）获得基础参数：摘下动态心电记录仪，将数据导入电脑；眼动仪停止记录。

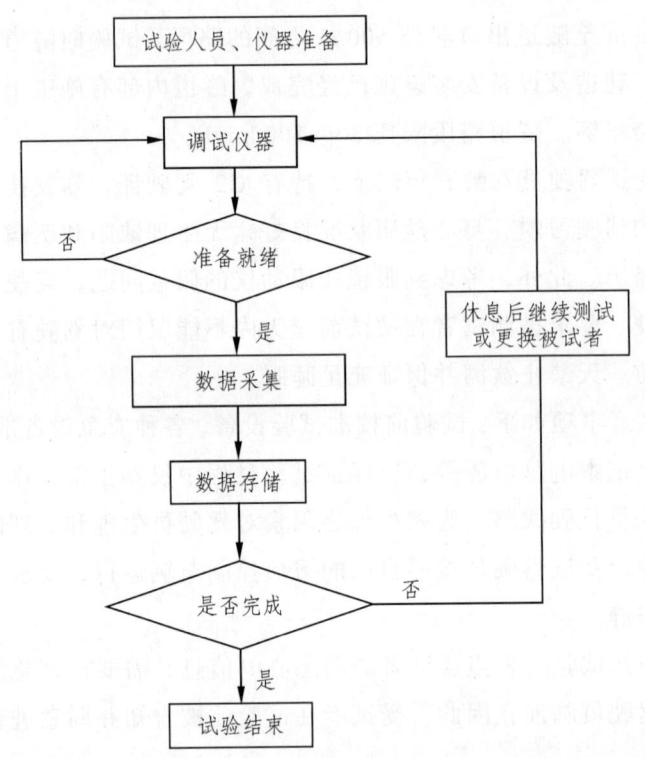

图 4-2 疲劳缓解灯光带缓解效果现场测试流程图

（6）重新连接动态心电记录仪，并打开，眼动仪重新开始记录；告知受试者不要有心理压力，正常驾驶；受试者从外口 500 m 处进入隧道，开始正式试验。由于仍有施工人员和车辆在隧道内，为保证驾驶安全，试验过程中驾驶员控制车速约为 60 km/h，单次隧道内的行驶时间约 10 min。

（7）当受试者驶出隧道 500 m 时，停车，摘下动态心电记录仪，将数据导入电脑；眼动仪停止记录，受试者将车辆掉头，受试者休息 10 min。

（8）重新连接动态心电记录仪，并打开，眼动仪重新开始记录，让受试者从洞口 100 m 处重新进入隧道，驾驶至最初出发的位置。

（9）当受试者驶出隧道 500 m 时，停车，摘下动态心电记录仪，将数据导入电脑；眼动仪停止记录；受试者掉头。

（10）该名受试者完成试验后，为其摘下仪器和电极，询问被测试者的主观感受。

（11）下一位被测试者重复步骤（1）~（10）的步骤。

4.2 驾驶员穿越特长隧道疲劳缓解灯光带心电与眼动特征

4.2.1 指标选择

为了保持实验之间的相关性，便于比较驾驶员在同一隧道内，疲劳缓解灯光带打开与关闭两种情况下驾驶员心电与眼动特征的差异，本次特长公路隧道疲劳缓解灯光带缓解效果现场测试所选择的评价指标与特长公路隧道驾驶疲劳规律现场测试所用指标应保持一致，如表 4-2 所示。

表 4-2 试验指标选择

检测方法	分类		指标名称
眼动	—		瞳孔直径
心电	HR	—	心率
	HRV	时域	SDNN
			RMSSD
		频域	LF
			LFnorm
			HF
			HFnorm
			LF/HF

4.2.2 指标数据预处理

1. 心电指标

将动态心电记录仪记录的心电数据传入配套分析系统，可以直接得到上述所选心电指标随特长隧道驾驶时间的变化情况。选取驾驶员从进入隧道至驶出隧道过程中的数据，并与之前无疲劳缓解灯光带时的数据进行对比，如图 4-3 所示，图中横坐标代表驾驶员在隧道内行驶的时间。由于告知驾驶员在行驶过程中保持匀速行驶，因此通过隧道的时间均近似为 10 min。杨林隧道的疲劳缓解灯光带设置在隧道中部，驾驶员在驶入隧道第 5 min 后经过疲劳缓解灯光带。

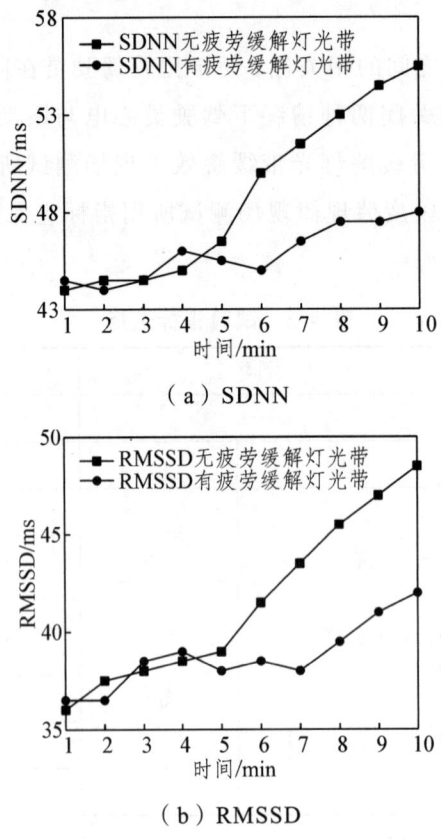

(a) SDNN

(b) RMSSD

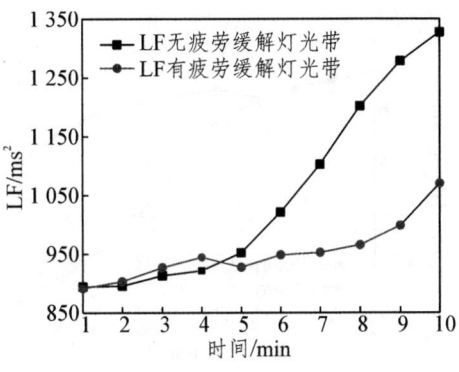

（c）LF

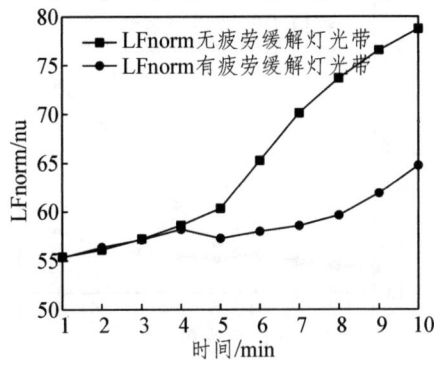

（d）LFnorm

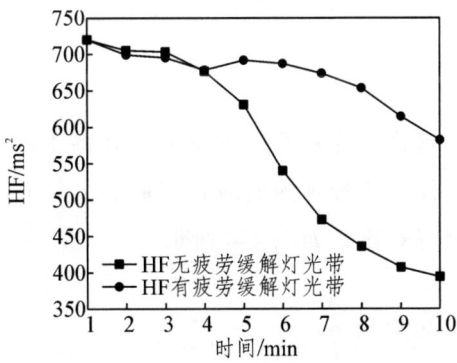

（e）HF

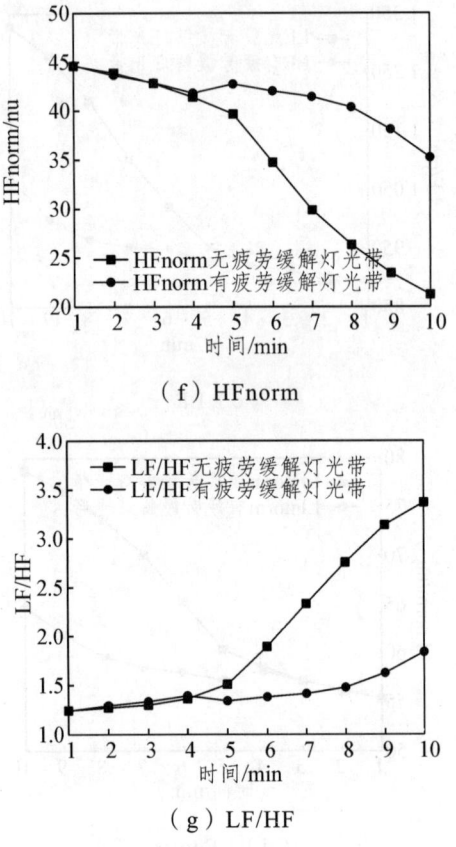

(f) HFnorm

(g) LF/HF

图 4-3　心电指标与特长隧道驾驶时间变化关系

2．瞳孔直径

试验选定瞳孔直径值为双眼的平均值,并将 1 min 内所有的双眼平均值再次取平均,作为该分钟内的瞳孔直径值,并与无疲劳缓解灯光带时的瞳孔直径值进行对比,如图 4-4 所示。

3．指标有效性分析

基于上述所选指标对驾驶员在隧道内驾驶时采集的数据进行相关分析,以研究上述指标间的相关关系。在无明显异常值的情况下,存在具

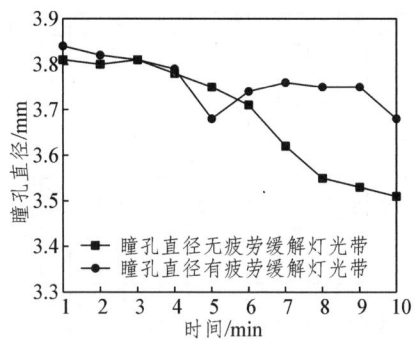

图 4-4 瞳孔直径与特长隧道驾驶时间变化关系

有线性关系的两个连续变量；这两个连续变量一般应满足双变量正态分布，以检验相关系数的统计学意义。一般地，双变量正态分布难以评估，但是双变量正态分布的特性是：若双变量正态分布存在，则每个连续变量必然符合正态分布。虽然每个连续变量符合正态分布未必能代表双变量正态分布存在，但能够在一定程度上保证双变量正态分布存在。因此，运用正态性检验来判断每个变量的正态性，结果如表 4-3 所示。

表 4-3 正态性检验

	正态性检验		
	统计量	df	Sig.
Time	.970	10	.892
SDNN_1	.927	10	.415
RMSSD_1	.934	10	.491
LF_1	.892	10	.180
LFnorm_1	.900	10	.221
HF_1	.882	10	.138
HFnorm_1	.900	10	.221
LFlHF_1	.859	10	.074
PupilDiameter_1	.935	10	.497

从结果可以看出，所选评价指标及时间变量均接近于正态分布。

经正态性检验后，计算相关系数，得到各指标之间的相关系数，如表 4-4 所示。

表 4-4 特长隧道内驾驶时间与各研究变量相关矩阵

		Time	SDNN_1	RMSSD_1	LF_1	LFnorm_1	HF_1	HFnorm_1	LF/HF_1	PupilDiameter_1
Time	相关性	1	.924**	.875**	.899**	.908**	-.899**	-.908**	.883**	-.761*
	显著性(双侧)		.000	.001	.000	.000	.000	.000	.001	.011
	N	10	10	10	10	10	10	10	10	10
SDNN_1	相关性	.924**	1	.865**	.862**	.885**	-.885**	-.885**	.865**	-.631
	显著性(双侧)	.000		.001	.001	.001	.001	.001	.001	.050
	N	10	10	10	10	10	10	10	10	10
RMSSD_1	相关性	.875**	.865**	1	.950**	.957**	-.948**	-.957**	.946**	-.634*
	显著性(双侧)	.001	.001		.000	.000	.000	.000	.000	.049
	N	10	10	10	10	10	10	10	10	10
LF_1	相关性	.899**	.862**	.950**	1	.992**	-.975**	-.992**	.992**	-.687*
	显著性(双侧)	.000	.001	.000		.000	.000	.000	.000	.028
	N	10	10	10	10	10	10	10	10	10
LFnorm_1	相关性	.908**	.885**	.957**	.992**	1	-.995**	-1.000**	.997**	-.659*
	显著性(双侧)	.000	.001	.000	.000		.000	.000	.000	.038
	N	10	10	10	10	10	10	10	10	10
HF_1	相关性	-.899**	-.890**	-.948**	-.975**	-.995**	1	.995**	-.992**	.626
	显著性(双侧)	.000	.001	.000	.000	.000		.000	.000	.053
	N	10	10	10	10	10	10	10	10	10
HFnorm_1	相关性	-.908**	-.885**	-.957**	-.992**	-1.000**	.995**	1	-.997**	.659*
	显著性(双侧)	.000	.001	.000	.000	.000	.000		.000	.038
	N	10	10	10	10	10	10	10	10	10
LF/HF_1	相关性	.883**	.865**	.946**	.992**	.997**	-.992**	-.997**	1	-.649*
	显著性(双侧)	.001	.001	.000	.000	.000	.000	.000		.042
	N	10	10	10	10	10	10	10	10	10
PupilDiameter_1	相关性	-.761*	-.631	-.634*	-.687*	-.659*	.626	.659*	-.649*	1
	显著性(双侧)	.011	.050	.049	.028	.038	.053	.038	.042	
	N	10	10	10	10	10	10	10	10	10

与疲劳缓解灯光带处于关闭时的情形不同，当驾驶员在疲劳缓解灯光带开启时通过隧道，其瞳孔直径与其余各指标之间的相关关系没有其余各指标内部的相关关系强。这是因为瞳孔直径对外界光环境的变化非常敏感。也就是说，外界光环境的变化会直接导致瞳孔直径的改变，这一点使得瞳孔直径与其他心电指标有着根本的不同。从图4-4不难看出，在5 min时，瞳孔直径出现了明显的下降，这是驾驶员通过亮度较高的疲劳缓解灯光带导致的。所以说，瞳孔直径对于评价在亮度无明显变化环境下的疲劳现象是有效的；而对于环境亮度的改变，瞳孔直径将会有较明显的变化，进而影响统计学分析，在这种情况下，需将瞳孔直径这一指标剔除。

综上所述，相关分析证明了所选心电指标对于评价疲劳缓解灯光带缓解效果是有效的，可以作为研究疲劳缓解灯光带缓解效果的有效指标。

4.3 疲劳缓解灯光带缓解效果检验

为了评价疲劳缓解灯光带对驾驶员驾驶疲劳的缓解效果，可采用配对样本t检验对疲劳缓解灯光带开启和关闭两种情况下的心电指标进行计算分析。

配对样本是指对同一样本进行两次测试所获得的两组数据，或对两个完全的样本在不同处理条件下进行测试所得到的两组数据。配对检验用于配对定量数据之间的差异对比评价。两配对样本检验的目的是利用两个配对样本，推断其均值是否存在显著差异。其检验思路就是先做差值，再转化为单样本检验，最后转化为差值序列总体均值是否与0有显著差异。通常情况下，配对样本检验用于分析一组样本在处理前后的平均值有无差异。

将驾驶员在疲劳缓解灯光带关闭条件下的心电数据作为一组数据，而将驾驶员在疲劳缓解灯光带开启条件下的心电数据作为另一组数据，两组数据构成配对样本，处理作用即疲劳缓解灯光带的开闭。这样，通过配对样本检验，即可分析驾驶员的心电指标在疲劳缓解灯光带开闭条件下有无差异。

4.3.1 通过疲劳缓解灯光带前

对驾驶员前 4 min 的心电指标数据进行配对样本检验,以分析驾驶员在抵达疲劳缓解灯光带位置前两次心电指标均数测试结果有无明显差异。

首先,配对样本检验中,异常值和正态性的假设检验都是基于两组间配对数值的差值进行的。为此,计算两组观测变量的差值。如果差值中的某些取值相比其他值特别大或者特别小,则称之为异常值。异常值会影响差值的均数和标准差,因此可能会对最终的统计结果产生较大影响。对于小样本研究,异常值的影响尤其显著,因此必须检查差值是否存在明显异常值。

通过箱线图,进行异常值的判断,如图 4-5 所示。

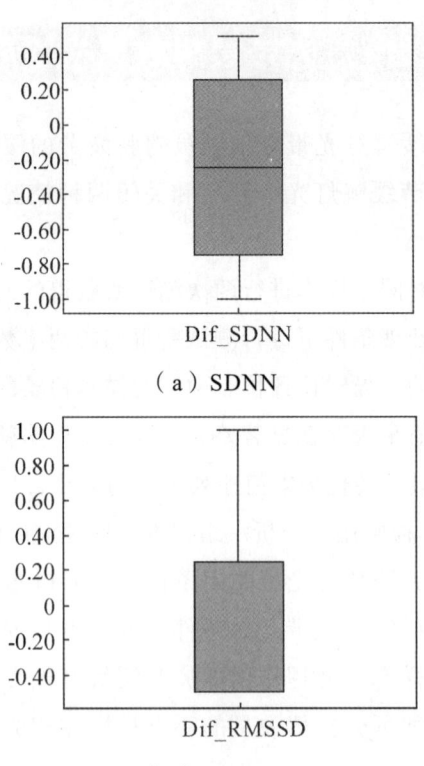

(a) SDNN

(b) RMSSD

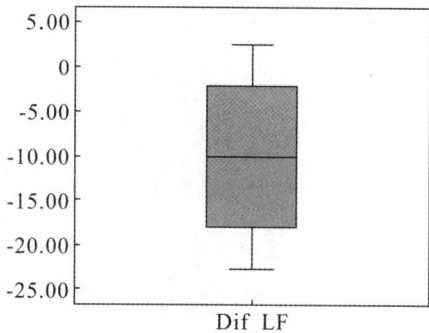

(c) LF

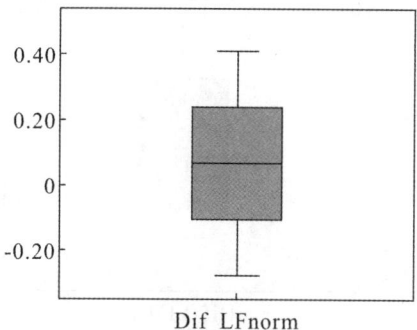

(d) LFnorm

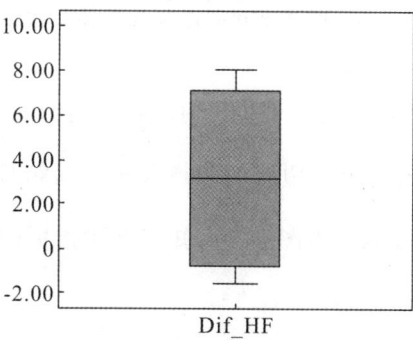

(e) HF

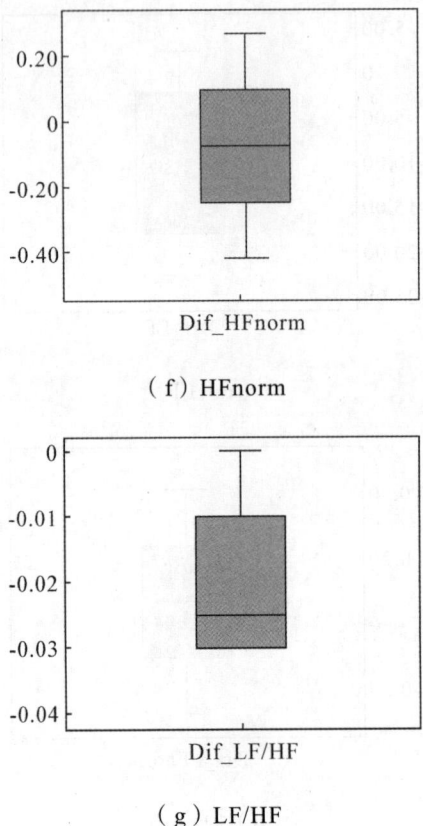

(f) HFnorm

(g) LF/HF

图 4-5　前 4 min 心电指标差值箱线图

数据点若与箱子边缘的距离大于 1.5 倍箱身长度，则定义为异常值，以圆点（○）表示；若与箱子边缘的距离大于 3 倍箱身长度，则定义为极端值，以星号（*）表示。由图 4-5 可知，上述指标的差值中不存在异常值或极端值。

随后，验证两个配对组别间观测变量的差值是否近似服从正态分布。运用正态性检验来判断心电指标的正态性，结果表 4-5 所示。

表 4-5 前 4 min 心电指标差值正态性检验

	正态性检验		
	统计量	df	Sig.
Dif_SDNN	.993	4	.972
Dif_RMSSD	.630	4	.001
Dif_LF	.999	4	.998
Dif_LFnorm	.951	4	.723
Dif_HF	.912	4	.495
Dif_HFnorm	.951	4	.723
Dif_LF/HF	.827	4	.161

由表 4-5 可知，除 RMSSD 指标的差值不服从正态分布外，其余指标均满足正态分布。对于 RMSSD 指标的差值，其四个值分别为 -0.5,1, -0.5, -0.5，这里仍然将 RMSSD 指标纳入配对样本检验中。

对上述七组心电指标进行配对样本检验，结果如表 4-6 所示。

表 4-6 前 4 min 心电指标配对样本检验

	成对差分						df	Sig.（双侧）
	均值	标准差	均值的标准误差	差分的 95% 置信区间				
				下限	上限			
对 1 SDNN - SDNN1	-.250 00	.645 50	.322 75	-1.277 13	.777 13	-.775	3	.495
对 2 RMSSD-RMSSD1	-.125 00	.750 00	.375 00	-1.318 42	1.068 42	-.333	3	.761
对 3 LF - LF1	-10.287 50	10.710 62	5.355 31	-27.330 49	6.755 49	-1.921	3	.150
对 4 LFnorm - LFnorm1	.067 50	.277 65	.1388 3	-.374 31	.509 31	.486	3	.660
对 5 HF - HF1	3.175 00	4.573 51	2.286 75	-4.102 47	10.452 47	1.388	3	.259
对 6 HFnorm - HFnorm1	-.067 50	.277 65	.1388 3	-.509 31	.374 31	-.486	3	.660
对 7 LF/HF - LF/HF1	-.020 00	.014 14	.0070 7	-.042 50	.002 50	-2.828	3	.066

由表 4-6 可知，前 4 min 疲劳缓解灯光带开闭心电指标间无显著统计学差异，即驾驶员在抵达疲劳缓解灯光带位置前两次心电指标测试结果无明显差异。

4.3.2 通过疲劳缓解灯光带后

对驾驶员后 4 min（7～10 min）的心电指标数据进行配对样本检验，以分析驾驶员在通过疲劳缓解灯光带后两次心电指标均数测试结果有无明显差异。

首先，对两个配对组别间观测变量差值没有明显异常的进行验证。配对样本检验中，异常值和正态性的假设检验都是基于两组间配对数值的差值进行的。

如果差值中的某些取值相比其他值特别大或者特别小，则称之为异常值。异常值会影响差值的均数和标准差，因此可能会对最终的统计结果产生较大影响。对于小样本研究，异常值的影响尤其显著，因此必须检查差值是否存在明显异常值。

通过箱线图，进行异常值的判断，如图 4-6 所示。

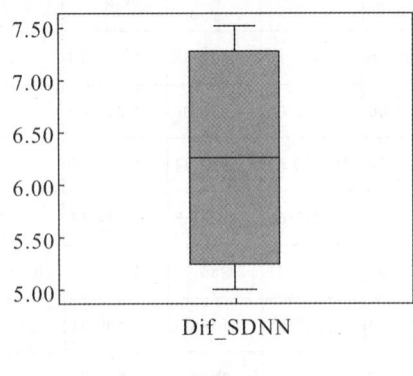

（a）SDNN

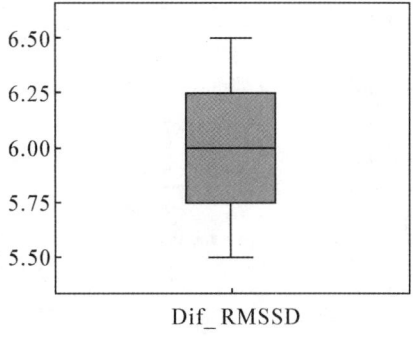

(b) RMSSD

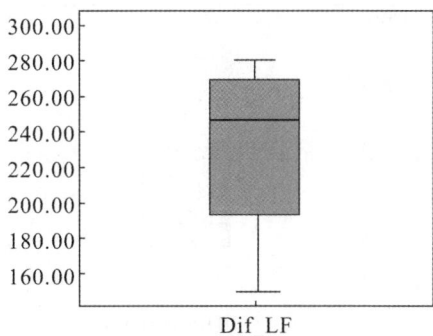

(c) LF

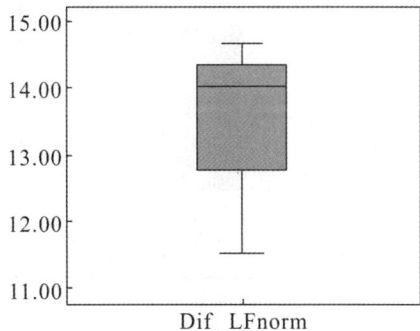

(d) LFnorm

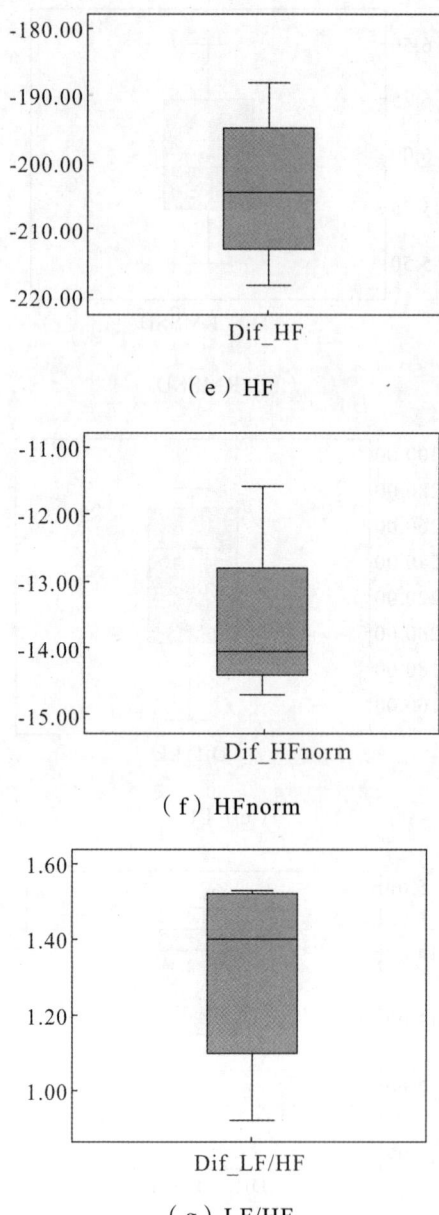

(e) HF

(f) HFnorm

(g) LF/HF

图 4-6　后 4 min 心电指标差值箱线图

由图 4-6 可知，上述指标的差值中不存在异常值或极端值。

随后，验证两个配对组别间观测变量的差值是否近似服从正态分布，结果如表 4-7 所示。

表 4-7 后 4 min 心电指标差值正态性检验

	正态性检验		
	统计量	df	Sig.
Dif_SDNN	.911	4	.488
Dif_RMSSD	.945	4	.683
Dif_LF	.892	4	.390
Dif_LFnorm	.813	4	.127
Dif_HF	.995	4	.983
Dif_HFnorm	.813	4	.127
Dif_LF/HF	.859	4	.256

由表 4-7 可知，所有指标均满足正态分布。

对上述七组心电指标进行配对样本检验，结果如表 4-8 所示。

表 4-8 后 4 min 心电指标配对样本检验

	成对差分						df	Sig.（双侧）
	均值	标准差	均值的标准误差	差分的 95% 置信区间				
				下限	上限			
对 1 SDNN - SDNN1	6.250 00	1.190 24	.595 12	4.356 07	8.143 93	10.502	3	.002
对 2 RMSSD - RMSSD1	6.000 00	.408 25	.204 12	5.350 39	6.649 61	29.394	3	.000
对 3 LF - LF1	230.902 50	56.774 89	28.387 44	140.560 98	321.244 02	8.134	3	.004
对 4 LFnorm - LFnorm1	13.572 50	1.375 39	.687 69	11.383 95	15.761 05	19.736	3	.000
对 5 HF - HF1	−203.555 00	12.357 31	6.178 66	−223.218 25	−183.891 75	−32.945	3	.000
对 6 HFnorm - HFnorm1	−13.572 50	1.375 39	.687 69	−15.761 05	−11.383 95	−19.736	3	.000
对 7 LF/HF − LF/HF1	1.312 50	.286 05	.143 03	.857 33	1.767 67	9.177	3	.003

表 4-8 给出了驾驶员通过疲劳缓解灯光带后心电指标两组均数的差值，以及差值的变异程度指标，说明后 4 min 疲劳缓解灯光带开闭时心电指标间有显著统计学差异。

配对样本检验结果表明，驾驶员在通过开启的疲劳缓解灯光带后，心电指标测试结果与疲劳缓解灯光带关闭时有明显差异，即指标 SDNN、

RMSSD、LF、LFnorm 以及 LF/HF 的增长显著放缓，指标 HF 以及 HFnorm 的减小显著放缓。上述结果证明了隧道内疲劳缓解灯光带对于缓解驾驶员驾驶疲劳有效。

4.4 疲劳缓解灯光带安全性评价

公路隧道疲劳缓解灯光带的设置，给驾驶员提供了一定的视觉刺激，改变了隧道内的单调环境，减少了因单调而引起的驾驶疲劳。然而，疲劳缓解灯光带的形式与图案不能过于复杂，不能给驾驶员提供过多的与驾驶无关的其他信息，否则会过多地影响驾驶员驾驶时的注意力，反而危害驾驶安全。因此，除了对设置疲劳缓解灯光带的心理生理作用进行定性分析外，还应深入研究直接反映其视觉刺激效果以及驾驶员关注度的视觉特征变化问题。

本章依托杨林特长隧道，通过实际环境中的驾驶试验，研究特长隧道环境中驾驶员在疲劳缓解灯光带段的视觉特征变化规律，分析隧道特殊灯光带对驾驶员视觉特征的影响以及对驾驶员视觉信息认知产生的改善作用，评价驾驶员在通过疲劳缓解灯光带时的安全性。利用眼动仪记录的特长公路隧道疲劳缓解灯光带缓解效果现场测试的数据，提取驾驶员视觉特征表征参数，分析并获取驾驶员行驶于疲劳缓解灯光带段的视觉特征，并与隧道中间段进行对比。

4.4.1 数据选择

驾驶员的眼动特征一般可以分为眨眼、注视和眼跳三种基本形式。其中，眨眼是指眼睑迅速闭合又迅速睁开的过程，是人体的一种本能反应，是一种不由自主地运动。注视是指被眼睛对准的目标物体在视网膜中央凹上形成景象的视觉活动。眼跳是指眼球从当前注视点转移到下一个注视点这个过程所做的跳跃活动。

本章选取驾驶员驶入疲劳缓解灯光带前的 5 s（路段 1）、疲劳缓解灯光带内行驶的前 5 s（路段 2）、疲劳缓解灯光带内行驶的后 5 s（路段 3）以及中间段正常驾驶 5 s（路段 4）的数据进行分析。

4.4.2 视觉区域划分

尽管行车的道路环境会时刻发生变化，但是驾驶员注视的视野区域是固定不变的。为了研究驾驶员的注视点分布规律，将驾驶员的视野区域分为六个兴趣区域 AOI（Area of Interest），如图 4-7 所示。其中，区域 1（Polygon 1）表示驾驶员视觉范围内隧道拱顶区域；区域 2（Polygon 2）表示驾驶员视觉范围内隧道左侧壁；区域 3（Polygon 3）表示驾驶员视觉范围内隧道右侧壁；区域 4（Polygon 4）表示驾驶员中央主视区远方；区域 5（Polygon 5）表示驾驶员中央主视区近处路面；区域 6（Polygon 6）表示驾驶室内区域。

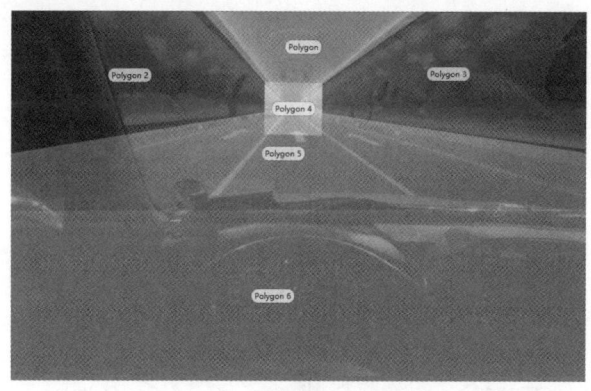

图 4-7 视觉区域划分

4.4.3 注视特征

注视是指眼球对准目标物，使其影像落在视网膜的中央凹上，以获得更充分的加工而形成清晰的像。注视时间是指驾驶员视轴中心位置保持不变，对某一区域注视的时间。注视时间反映了驾驶员对某一固定区域的关注程度和提取注视目标信息所用的时间，代表着提取信息的难易程度。越难处理的信息，相应的注视持续时间越长。长时间注视体现出此注视对象需要观察者花费长时间去解读。

图 4-8 反映了驾驶员在四种路段条件下驾驶员注视时间在不同区域中的分配比例。可以看出，在上述四种路段内，驾驶员的注视区域均主要集中在区域 4，区域 4 的注视时间占总注视时间的比例均达到 60% 以上，而在中间段正常驾驶情形下甚至可以达到 100%。在路段 1 和路段 3 中，疲劳缓解灯光带对驾驶员注视时间比例分布的影响基本相同；在路段 2 中，影响则稍大，即与驶入疲劳缓解灯光带前的 5 s 和疲劳缓解灯光带内后 5 s 相比，在疲劳缓解灯光带内前 5 s，驾驶员会将更多的注视时间放在隧道两侧。总的来说，在路段 1、路段 2 和路段 3 这三种情况下，驾驶员在隧道左侧壁的注视比例约占总注视比例的 10%，在隧道右侧壁的注视比例均高于左侧壁的注视比例，占 15% ~ 20%。

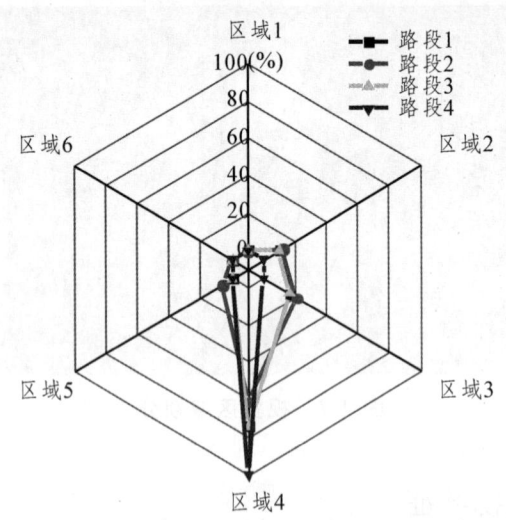

图 4-8　各路段下注视时间占比与区域的关系

图 4-9 为各路段下驾驶员在不同区域内的注视次数。注视次数即注视点的数目，在视觉搜索中，注视点的数目与观察者所需要处理信息的数目有关系，而与所需处理信息的深度无关。

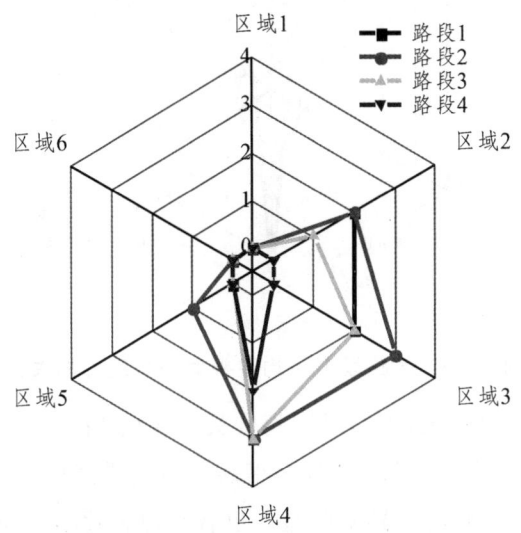

图 4-9　各路段下注视次数与区域的关系

由图 4-9 可以看出，路段 4 中只存在两个注视点，且注视点均位于区域 4 内，驾驶员视线相对集中。对于路段 1、路段 2 和路段 3，由于疲劳缓解灯光带的影响，驾驶员需要处理的信息数量增多，相应的注视次数也有所上升，其中，在路段 2，驾驶员的注视次数最多。在对应疲劳缓解灯光带的区域 2 和区域 3，疲劳缓解灯光带对注视次数的影响较大，有疲劳缓解灯光带时注视次数较多，但均未超过区域 4 的注视次数。

图 4-10 为各路段下驾驶员在不同区域内的平均注视时间。平均注视时间是指驾驶员对某注视区域的总注视时间与注视次数之间的比值，从一定程度上可以反映驾驶员在该区域提取信息的难度。

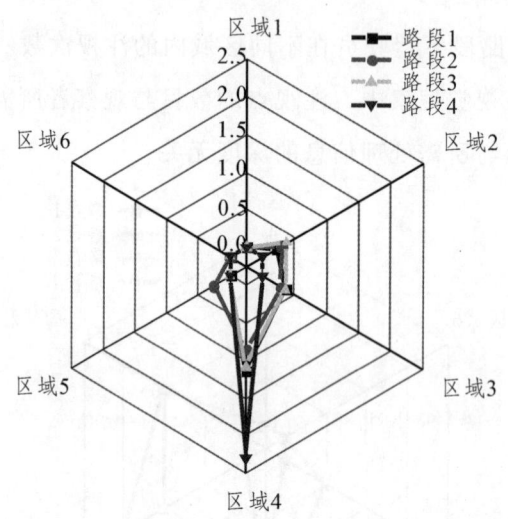

图4-10 各路段下平均注视时间与区域的关系

由图4-10可以看出,各路段中驾驶员在区域4的平均注视时间最长。对于路段1、路段2和路段3,即疲劳缓解灯光带路段,区域2和区域3的平均注视时间之间的差异不明显。也就是说,驾驶员在进入疲劳缓解灯光带前和通过疲劳缓解灯光带的过程中,隧道左侧壁和右侧壁的平均注视时间是近似相等的,从提取信息的难易程度来看,隧道左侧壁和右侧壁无明显差异。由于隧道左右两侧的景观相同,上述结果也印证了测试数据的合理性。

从驾驶员的注视特征可以看出,在无疲劳缓解灯光带的隧道中间段,驾驶员的主要注视区域为驾驶员中央主视区远方,而对两侧隧道壁、隧道顶部、近处路面以及驾驶室内部区域的注视较少,整个路段的注视点较为集中且注视次数较少,注视时间约为2 s。在驶入疲劳缓解灯光带前的5 s(以60 km/h的车速计算,约83 m),驾驶员的视觉便已经受到疲劳缓解灯光带的影响,呈现出与无疲劳缓解灯光带的隧道中间段不同的注视特性,在这个阶段,驾驶员开始将部分注视点转移到两侧隧道壁,也就是疲劳缓解灯光带的位置。在疲劳缓解灯光带内驾驶的前5 s,驾驶员将更多的注视点移到两侧隧道壁,注视点更多且更为分散,两侧隧道壁的注视时间占比为四个路段中最多，但仍远小于驾驶员中央主视区远方的注视时间。对于疲劳缓解灯光带内驾驶的后 5 s，该阶段各区域注视时间占比与驶入疲劳缓解灯光带前的 5 s 各区域注视时间占比基本一致。此外，由于驾驶员在前一路段对疲劳缓解灯光带已经有所认知，因而该路段的注视次数较少。

4.4.4 访问特征

驾驶员的访问特征与注视特征不同，由于驾驶员的眼动类型一般可以分为眨眼、注视和眼跳三种基本形式，故访问特征包含注视和眼跳两种眼动类型。图 4-11 为在上述四种路段下驾驶员在六个区域的访问时间分配比例。

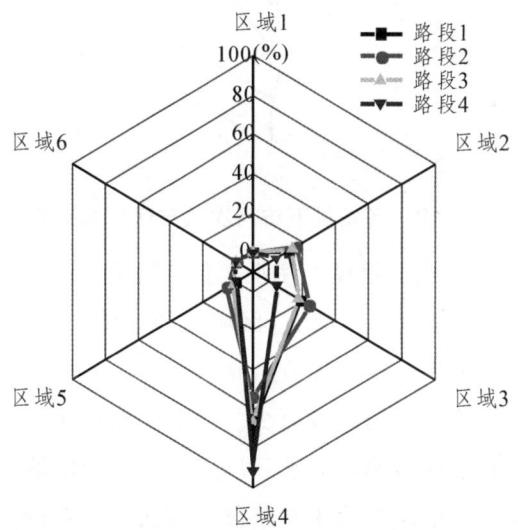

图 4-11 各路段下访问时间占比与区域的关系

从图 4-11 可以看出，在上述四种路段内，驾驶员的访问区域均主要集中在区域 4；除路段 2 外，区域 4 的访问时间占总访问时间的比例均达到 60 % 以上。在路段 1 和路段 3 中，疲劳缓解灯光带对驾驶员访问时间比例分布的影响基本相同，两者访问时间占比与曲线的吻合度较高。驾驶员在路段 2 中受到疲劳缓解灯光带的影响稍大，即与驶入疲劳缓解灯光带前的 5 s 和疲劳缓解灯光带内后 5 s 相比，在疲劳缓解灯光带内前 5 s 路段驾驶员的视觉会更多地访问隧道两侧的疲劳缓解灯光带。

图 4-12 为各路段下驾驶员在不同区域内的访问次数。

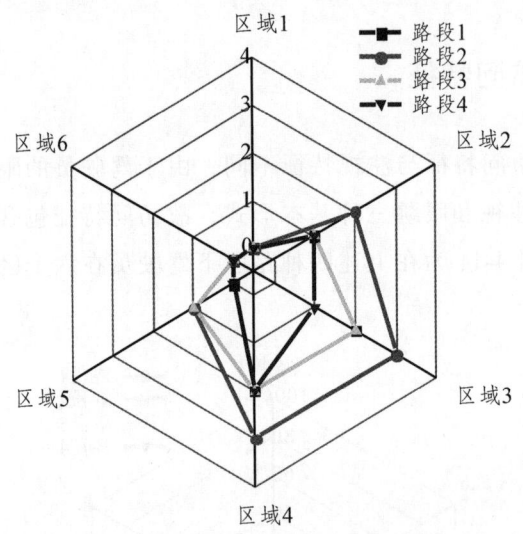

图 4-12　各路段下访问次数与区域的关系

由图 4-12 可以看出，相较于注视次数，驾驶员在各路段的访问次数更为分散，但仍主要集中于区域 2、区域 3 和区域 4，即驾驶员视觉范围内隧道左右侧壁和中央主视区远方。路段 4 由于驾驶环境更为单一，复杂程度不高，因而总的访问次数更少。而对于路段 1、路段 2 和路段 3，由于疲劳缓解灯光带的影响，驾驶环境发生了一定的改变，相应的访问次数也有所上升，其中，路段 1 和路段 3 的访问次数的分布近似相同，而路段 2 的总访问次数更多。虽然疲劳缓解灯光带给驾驶员提供了额外的视觉刺激，但驾驶员在隧道左侧壁和右侧壁的访问次数均未超过中央主视区远方的访问次数。此外，在路段 1 至路段 3 中，驾驶员在路段 2 对区域 2 和区域 3 的访问次数最多。

图 4-13 为各路段下驾驶员在不同区域内的平均访问时间。平均访问时间是指驾驶员对某区域的总访问时间与访问次数之间的比值。

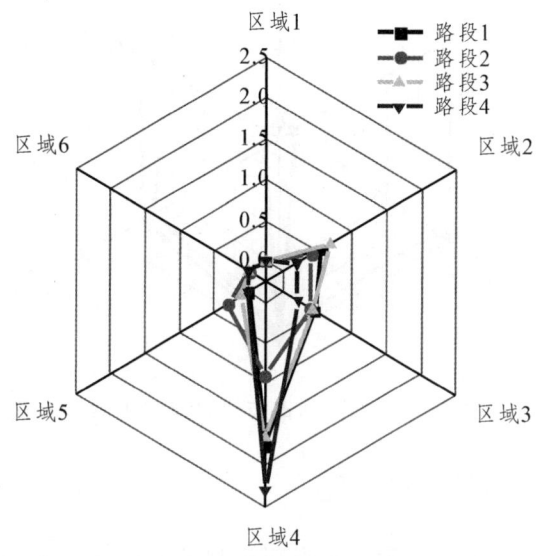

图 4-13　各路段下平均访问时间与区域的关系

由图 4-13 可以看出,各路段中驾驶员在区域 4 的平均访问时间最长,平均访问时间的走势基本与平均注视时间相同。

驾驶员的访问特征与驾驶员的注视特征基本相同,但值得注意的是,对于区域 4,即中央主视区远方,驾驶员的平均访问时间与平均注视时间相差不大,然而对于区域 3 和区域 2,即两侧隧道壁,平均访问时间与平均注视时间相差较大。平均访问时间与平均注视时间的差异反映了驾驶员的眼跳特性,为了更加直观,下面给出各路段不同区域的总注视时间占总访问时间比例的关系图,如图 4-14 所示。

从图 4-14 不难看出,驾驶员在中央主视区的注视时间占访问时间的比例均达到 90% 以上,而在对应隧道两侧灯光带的区域 2 和区域 3,注视时间占比相对较低,约在 80% 以下。

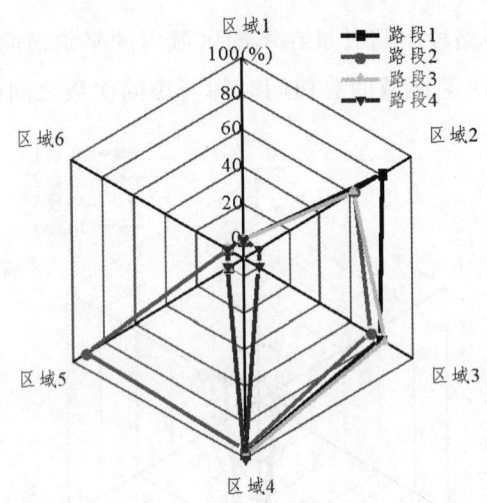

图 4-14　各路段下注视时间占访问时间的比例与区域的关系

4.4.5　注视时间热点图

热点图是使用不同的颜色来说明被测试者在特定区域内形成的注视的数量，或者他们在该区域内注视了多长时间。它实现了将大量数据可视化，可以非常直观地反映出数据的空间分布情况。依据驾驶员注视时间形成的热点图如图 4-15 所示，其中深色通常表明那里的注视时间相对较长，而浅色则表明注视时间相对较短，两颜色之间的过渡颜色则反映不同的水平。

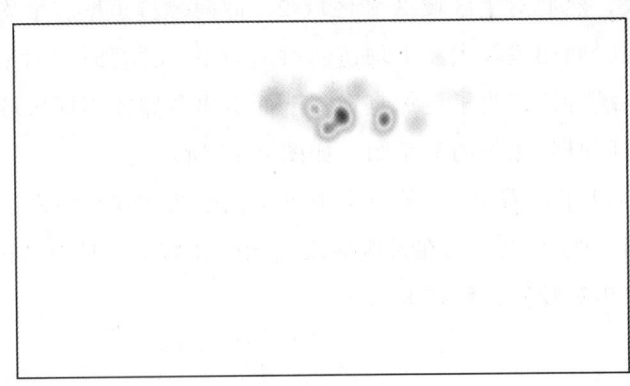

（a）路段 1

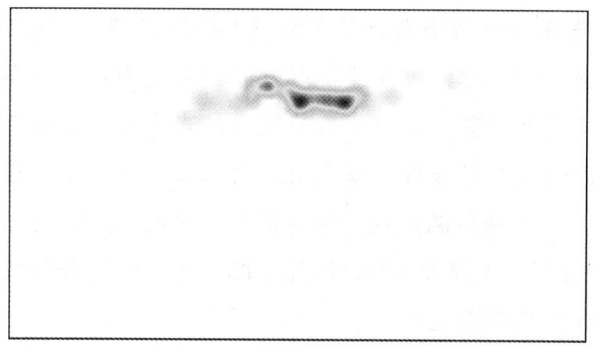

（b）路段 2

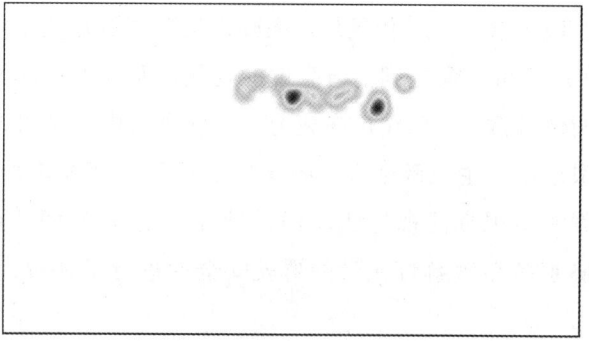

（c）路段 3

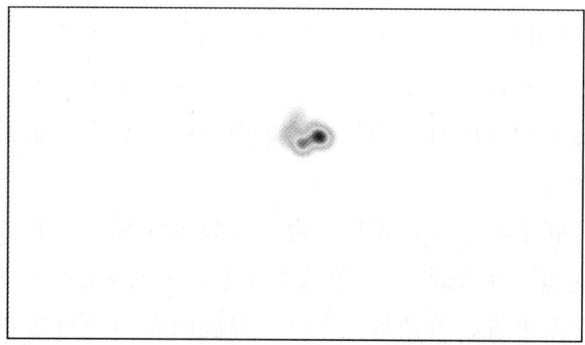

（d）路段 4

图 4-15　注视时间热点图

图4-15直观地反映出驾驶员在通过不同路段的注视点分布情况。可以看出，驾驶员在四种路段的注视点以区域4为中心，分布于整个视觉范围内的中间偏上位置。在整个疲劳缓解灯光带段（路段2、路段3），驾驶员的注视点分布最分散，呈现出线状分布；而在中间段正常驾驶情况下（路段4），驾驶员的注视点最为集中，呈现出点状分布；驶入疲劳缓解灯光带前的5 s（路段1）为过渡阶段，注视点的分散情况介于中间段和疲劳缓解灯光带段之间。

根据上述分布规律可以看出，驾驶员在正常驾驶时，注视点主要集中在中央主视区的远方，在没有其他外在环境干扰的正常驾驶情形下，驾驶员的注视点一般不会位于其他区域。在驶入疲劳缓解灯光带前5 s的路段中，驾驶员在远处可以察觉到前方亮度的变化以及隧道壁两侧的图案，注视点开始向两侧分散。当驾驶员在疲劳缓解灯光带中行驶时，注视点最为分散，不仅限于中央主视区远方，同样分布于两侧的隧道壁上。

通过对驾驶员视觉注视特性、访问特性以及注视时间热点图的分析，对特长公路隧道疲劳缓解灯光带的驾驶安全性进行了评价，可以得到如下结论：

（1）疲劳缓解灯光带对驾驶员的视觉特性存在着一定的影响，这个影响从驾驶员距灯光带入口前83 m内时就已经有所体现；与疲劳缓解灯光带段后5 s相比，灯光带段内前5 s，驾驶员受到的影响更大。

（2）就范围来看，在灯光带段内，驾驶员的注视和访问范围均有所扩大，即从隧道中间段时较为单一的集中于中央主视区变为开始呈线状向两侧隧道壁分布。

（3）就时间来看，在灯光带段内，驾驶员对两侧隧道壁的注视和访问时间虽比隧道中间段时长，但仍远小于中央主视区的注视和访问时间。

（4）就类型来看，驾驶员在中央主视区的眼动类型几乎均为注视，而在两侧隧道壁的区域，眼跳则占据一定比例。

总之，疲劳缓解灯光带会对驾驶员的视觉特性产生一定的影响。但从眼动的范围、时间和类型等特征来看，杨林隧道疲劳缓解灯光带对驾驶员的不利影响有限，驾驶员可以比较容易地获得并感知墙壁图案提供的信息，在通过疲劳缓解灯光带时，驾驶员主要关注的仍是前方的道路情况而不是两侧的灯光带景观。因此，杨林特长隧道内设置的疲劳缓解灯光带满足了驾驶员的驾驶安全要求。

4.5 小　结

基于依托工程杨林特长隧道疲劳缓解灯光带缓解效果的现场试验，得出疲劳缓解灯光带对驾驶员的心电指标与瞳孔直径有一定的影响。通过分析疲劳缓解灯光带对缓解驾驶员在特长隧道内的驾驶疲劳效果，得到如下结论：

（1）通过正态性检验和相关分析对所选疲劳评价指标：心电指标 SDNN、RMSSD、LF、LFnorm、HF、HFnorm、LF/HF 进行分析，验证了上述心电指标对于评价疲劳缓解灯光带缓解疲劳效果的有效性。

（2）通过配对样本 t 检验，发现疲劳缓解灯光带的开闭对于驾驶员通过疲劳缓解灯光带前 4 min 的评价指标测试值无明显影响。

（3）通过配对样本 t 检验，发现疲劳缓解灯光带的开闭对于驾驶员通过疲劳缓解灯光带后 4 min 的评价指标测试值有显著影响，其中，指标 SDNN、RMSSD、LF、LFnorm 以及 LF/HF 的增长显著放缓，指标 HF 以及 HFnorm 的减小显著放缓，从而证明了隧道内疲劳缓解灯光带对于缓解驾驶员的驾驶疲劳有效。

（4）通过基于兴趣区域 AOI 的驾驶员视觉注视特性、访问特性以及注视时间热点图的分析，评价驾驶员在通过疲劳缓解灯光带时的安全性。结果表明，疲劳缓解灯光带对驾驶员的视觉特性存在一定的影响，此影响从驾驶员距灯光带入口前 83 m 内时就已经有所体现，且与疲劳缓解灯光带段后 5 s 相比，灯光带段内前 5 s，驾驶员受到的影响更大；在灯光带段内，驾驶员的注视和访问范围均有所扩大；驾驶员对两侧隧道壁的注视和访问时间比隧道中间段时长,但小于中央注视的主视区和访问时间;驾驶员在中央主视区的眼动类型几乎均为注视,而在两侧隧道壁区域,眼跳则占据一定比例。综合分析可知,杨林隧道疲劳缓解灯光带对驾驶员的不利影响有限,驾驶员可以比较容易地获得并感知墙壁图案提供的信息,满足驾驶安全要求。

第 5 章 结 论

本研究以国家高速公路网昆明绕城高速公路东南段控制性重点工程杨林特长隧道为依托,针对大交通流特长高风险隧道疲劳缓解带设计与评价方法进行研究。在全面调研特长隧道交通事故特征以及特长隧道内环境对驾驶员驾驶疲劳影响的基础上,采用国际国内广泛使用的驾驶疲劳测量及评价方法,对杨林特长隧道进行了实地行车试验,以寻找驾驶员在特长隧道内的驾驶疲劳规律,提出特长隧道疲劳缓解灯光带的设计标准及方法。通过对杨林特长隧道内设置的疲劳缓解灯光带进行实地驾驶试验,从灯光带的缓解效果以及驾驶员的行车安全性两方面对疲劳缓解灯光带的效果进行评价。研究得到的具体结论如下:

1. 隧道内实体环境对驾驶员疲劳影响特征

(1)由于公路隧道具有环境相对昏暗、能见度较低等特点,驾驶员的视野在进入隧道后被控制在一个狭长的范围内,视野的连贯性遭到阻隔,加上隧道内缺乏有效的参照系统,参照信息量较少,致使驾驶员的速度感、距离感和时间感相对于其他路段明显降低,在这种情况下,驾驶员很容易因为缺乏有效刺激而产生被动的驾驶疲劳。

(2)驾驶员在特长隧道内驾驶,所选心电指标和瞳孔直径通过了 Shapiro-Wilk 正态性检验以及 Pearson 相关性分析,从而验证了所选指标的有效性。

(3)通过主成分分析,将所选指标降维得到新的疲劳评价指标,并进行非线性拟合,发现驾驶员在特长隧道内驾驶疲劳的产生不是突变的,而是一个逐渐累积的过程;这一累积过程在不同时间段内有不同的速率,呈现出缓慢上升到迅速上升再到近似缓慢上升的特点。

（4）通过分析疲劳评价指标的线性拟合度，发现驾驶员在隧道内行驶约 4 min 中后疲劳开始快速累积。

2．隧道疲劳缓解灯光带设计标准及方法

（1）疲劳缓解灯光带的位置设置与驾驶员在隧道内的驾驶疲劳规律相对应，即应在以隧道最低限速行驶 4 min 的位置处进行疲劳缓解灯光带的布设。对于需要设置多条疲劳缓解灯光带的隧道，灯光带的最大间距同样按最低限速行驶 4 min 的距离，如表 5-1 所示。表 5-1 中的疲劳缓解灯光带的位置指的是从隧道入口开始计算的最大距离，在满足经济性等的前提下，可以考虑适当加密疲劳缓解灯光带的设置。对于双向交通隧道，应在满足表 5-1 的基础上对称布置疲劳缓解灯光带。

表 5-1　疲劳缓解灯光带位置设计

最低限速/km/h	50	60	70	80	90	100
疲劳缓解灯光带位置/km	3.3	4	4.7	5.3	6	6.7

（2）驾驶员穿过疲劳缓解灯光带与穿过毗邻隧道一样，需要经历由暗到明，再由明到暗的过程。因此，为了保证驾驶员可以在疲劳缓解灯光带进入端看到出口端的障碍物，疲劳缓解灯光带的长度至少应满足驾驶员一个停车视距的要求，如表 5-2 所示。

表 5-2　疲劳缓解灯光带长度设计

最高限速/km/h	120	100	80	60
疲劳缓解灯光带长度/m	210	160	110	75

（3）疲劳缓解灯光带的亮度应满足驾驶员明暗视觉适应的要求。参考隧道出口段照明的设计依据，疲劳缓解灯光带的亮度可取 5 倍隧道中间段亮度，即

$$L_1 = 5L_{in} \tag{5-1}$$

（4）疲劳缓解灯光带的形式设计应根据工程实际具体分析，颜色应控制在三种以内，应选择富含短波的光源，避免动感过强、夸张复杂的形式，应以安全性为前提，兼顾经济性和环保原则。

（5）以杨林特长隧道左幅为例，可以采用图5-1所示的长度和位置设计。

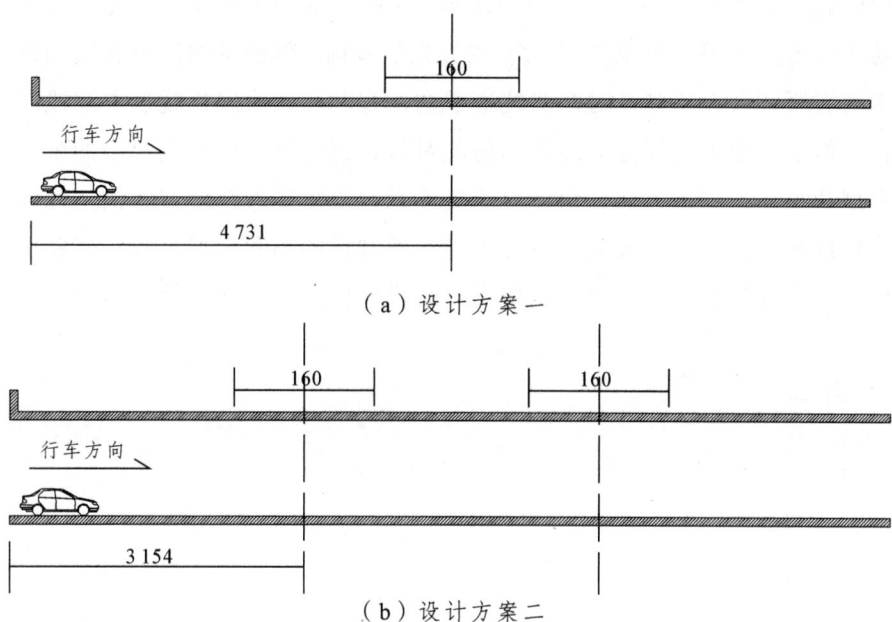

图5-1 杨林特长隧道左幅疲劳缓解灯光带设计方案二（单位：m）

3．隧道疲劳缓解灯光带评价方法

（1）所选心电指标和瞳孔直径通过了Shapiro-Wilk正态性检验以及Pearson相关性分析，剔除了瞳孔直径指标，验证了其他所选指标的有效性。

（2）配对样本t检验的结果表明，疲劳缓解灯光带的开闭对于驾驶员通过疲劳缓解灯光带前4 min的评价指标测试值无明显影响；疲劳缓解灯光带的开闭对于驾驶员通过疲劳缓解灯光带后 4 min 的评价指标测试值有显著影响。因此，隧道内疲劳缓解灯光带对于缓解驾驶员的驾驶疲劳具有积极意义。

（3）通过基于兴趣区域 AOI 的驾驶员的眼动指标分析，评价驾驶员在通过疲劳缓解灯光带时的安全性。结果表明，疲劳缓解灯光带对驾驶员的视觉特性存在一定的影响，这个影响从驾驶员距灯光带入口前 83 m 内时就已经有所体现，且与疲劳缓解灯光带段后 5 s 相比，灯光带段内前 5 s，驾驶员受到的影响更大；在灯光带段内，驾驶员的注视和访问范围均有所扩大；驾驶员对两侧隧道壁的注视和访问时间比隧道中间段时长，但小于中央主视区的注视和访问时间；驾驶员在中央主视区的眼动类型几乎均为注视，而在两侧隧道壁区域，眼跳则占据一定比例。综合分析可知，杨林隧道疲劳缓解灯光带对驾驶员的不利影响有限，驾驶员可以比较容易地获得并感知墙壁图案提供的信息，满足驾驶安全要求。

参考文献

[1] CHANG M, KIM J, KANG K, et al. Evaluation of driver's psychophysiological load at freeway merging area[C]. Proceedings of the 80th Annual Meeting of the Transportation Research Board, 2001.

[2] GHARAGOZLOU F, SARAJI G N, MAZLOUMI A, et al. Detecting driver mental fatigue based on eeg alpha power changes during simulated driving[J]. Iranian Journal of Public Health, 2015, 44 (12): 1693-1700.

[3] 毛科俊. 道路环境单调性对驾驶疲劳的影响机理及对策研究[D]. 北京：北京工业大学，2011.

[4] SAROJ K, LAL L, CRAIG A. A critical review of the psychophysiology of driver fatigue[J]. Biological Psychology, 2001, 55(3): 173-194.

[5] HU X Y, LODEWIJKS G. Detecting fatigue in car drivers and aircraft pilots by using non-invasive measures: the value of differentiation of sleepiness and mental fatigue[J]. Journal of Safety Research, 2020, 72: 173-187.

[6] ANUVA C, RAJAN S, MANOLYA K, et al. Sensor applications and physiological features in drivers' drowsiness detection: a review[J]. IEEE Sensors Journal, 2018.

[7] 丁光明. 高速公路隧道环境对驾驶人生理及心理影响研究[D]. 西

安：长安大学，2011.

[8] 何操. 山区高速公路隧道路段对驾驶人生理心理影响研究[D]. 西安：长安大学，2009.

[9] FABIO F, RUBEN B, STEFAN C, et al. Comparison of outlier heartbeat identification and spectral transformation strategies for deriving heart rate variability indices for drivers at different stages of sleepiness[J]. Traffic Injury Prevention, 2018, 19(sup1): S112-S119.

[10] ZHANG N, FARD M, BHUIYAN M H U, et al. The effects of physical vibration on heart rate variability as a measure of drowsiness[J]. Ergonomics, 2018, 61(9): 1259-1272.

[11] BUENDIA R, FORCOLIN F, KARLSSON J, et al. Deriving heart rate variability indices from cardiac monitoring—an indicator of driver sleepiness[J]. Traffic Injury Prevention, 2019, 20(3): 249-254.

[12] JUNG S J, SHIN H S, CHUNG W Y, et al. Driver fatigue and drowsiness monitoring system with embedded electrocardiogram sensor on steering wheel[J]. IET Intelligent Transport Systems, 2014, 8(1): 43-50.

[13] PATEL M, LAL S K L, KAVANAGH D, et al. Applying neural network analysis on heart rate variability data to assess driver fatigue[J]. Expert Systems with Applications, 2011, 38(6): 7235-7242.

[14] GRUDEN T, STOJMENOVA K, SODNIK J, et al. Assessing Drivers' physiological responses using consumer grade devices[J]. Applied

Sciences-Basel, 2019, 9(24).

[15] VICENTE J, LAGUNA P, BARTRA A, et al. Drowsiness detection using heart rate variability[J]. Medical & Biological Engineering & Computing, 2016,54(6): 927-937.

[16] LI Z Y, WANG C T, ARTHUR F T, et al. Mak Effects of acupuncture on heart rate variability in normal subjects under fatigue and non-fatigue state[J]. European Journal of Applied Physiology, 2005, 94(5-6): 633-640.

[17] SANGTAE A, THIEN N, HYOJUNG J, et al. Exploring Neuro-Physiological Correlates of Drivers' Mental Fatigue Caused by Sleep Deprivation Using Simultaneous EEG, ECG, and fNIRS Data[J]. Frontiers in Human Neuroscience, 2016,10.

[18] WANG L H, LI J W, WANG Y H. Modeling and Recognition of Driving Fatigue State Based on R-R Intervals of ECG Data[J]. IEEE ACCESS, 2019.7:175584-175593.

[19] 杨锋. 特长隧道内非充分照明环境对驾驶员的生理影响研究[D]. 呼和浩特：内蒙古农业大学，2014.

[20] 钱宇彬. 夜间高速公路长途大型客车驾驶员心电与操作行为特征研究[D]. 西安：长安大学，2011.

[21] 付川云. 疲劳状态下驾驶人生理及眼动特征研究[D]. 哈尔滨：哈尔滨工业大学，2011.

[22] WANG L, WANG H, JIANG X. A new method to detect driver fatigue based on emg and ecg collected by portable non-contact sensors[J].

Promet-Traffic & Transportation, 2017, 29(5): 479-488.

[23] RODRÍGUEZ R, MEXICANO A, BILA J, et al. Feature extraction of electrocardiogram signals by applying adaptive threshold and principal component analysis[J]. Journal of applied research and technology, 2015, 13(2): 261-269.

[24] WEI Z H, LIU S, QIU S, et al. Human personality based investigation on distance threshold for freeway landscape pattern[J]. Transportation Research Record, 2018, 2672(39): 52-60.

[25] CHALDER T, BERELOWITZ G, PAWLIKOWSKA T, et al. Development of a fatigue scale[J]. Journal of Psychosomatic Research, 1993, 37(2): 147-153.

[26] MAJID F, MAJID M, RASHID H, et al. Effects of mental workload on physiological and subjective responses during traffic density monitoring: A field study[J]. Applied Ergonomics, 2016, 52: 95-103.

[27] KATJA K, CHRISTER A. The impact of tunnel design and lighting on the performance of attentive and visually distracted drivers[J]. Accident Analysis and Prevention, 2012, 47: 153-161.

[28] TING P H, HWANG J R, DOONG J L, et al. Driver fatigue and highway driving: a simulator study[J]. Physiology & Behavior, 2008, 94(3): 448-453.

[29] SUGANIYA M, JERRITTA S, ARUN S. Detection and analysis: driver state with electrocardiogram (ECG)[J]. Physical and Engineering Sciences in Medicine, 2020, 43(2): 525-537.

[30] YVONNE T, NIRUPAMA W, MIKA T, et al. The relationship between spectral changes in heart rate variability and fatigue[J]. Journal of Psychophysiology, 2009, 23(3): 143-151.

[31] DYANI S J, GERALD M, JOEL W S, et al. Active and passive fatigue in simulated driving: discriminating styles of workload regulation and their safety impacts[J]. Journal of Experimental Psychology-Applied, 2013, 19(4): 287-300.